El GOZO *del*

MATRIMONIO
A LA MANERA
DE DIOS

D0923937

El GOZO del

MATRIMONIO A LA MANERA DE DIOS

MENSAJES QUE FORTALECEN TU MATRIMONIO

POR

BEVERLY LAHAYE,

JULIE CLENTON, JOYCE PENNER,
BARBARA ROSBERG, DEB LAASER,
CARRIE OLIVER Y LAURIE S. HALL

CASA
CREACIÓN

El gozo del matrimonio a la manera de Dios
por Beverly LaHaye y otros
Publicado por Casa Creación
Una compañía de Strang Communications
600 Rinehart Road
Lake Mary, Florida 32746
www.casacreacion.com

A menos que se indique lo contrario, todos los textos bíblicos han sido tomados de la versión Reina-Valera, de la *Santa Biblia*, revisión 1960. Usado con permiso.

Este libro fue publicado originalmente en los EE. UU.
por Integrity Publishers, Inc. con el título: *The Joy of Marriage God's Way*,
Copyright © 2003 Brentwood, Tennessee. Todos los derechos reservados.

Traducido y usado con permiso de Integrity Publishers, Inc.

Traducido por: *Belmonte Traductores*
Diseño interior por: *Grupo Nivel Uno Inc.*
Diseño de portada: *The Office of Bill Chiaravalle*

Library of Congress Control Number: 2004103202
ISBN: 1-59185-428-8

Impreso en los Estados Unidos de América

04 05 06 07 08 ❖ 9 8 7 6 5 4 3 2 1

Índice

Reconocimientos

Los editores dan las gracias a Tim Clinton y
Doris Rikkers por sus aportaciones
creativas y editoriales a este proyecto.

Introducción

Y el Señor os haga crecer y abundar en amor
unos para con otros.

1 TESALONICENSES 3:12

¡Qué bendición tan maravillosa es ésa para el matrimonio! No importa la etapa de la vida matrimonial en que nos encontremos —recién casados, cinco años después con hijos, quince años después con hijos adolescentes, nido vacío o los años dorados—, todas nosotras deseamos que nuestros matrimonios sean de la manera en que Dios los creó: llenos de amor, comprensión y pasión.

Ya que somos humanos, nuestros matrimonios no siempre son tan perfectos como lo fue aquella primera unión creada por Dios en el huerto del Edén. Hay ocasiones en que las heridas, la traición y la distancia pueden invadir nuestros hogares y dañar la relación que tenemos con nuestro cónyuge. Aunque puede que siga habiendo amor, hay algo que falta, y lo sabemos. Pero existe esperanza. Siempre hay disponible ayuda y sanidad por parte de Dios, el restaurador del amor y la vida. Dios quiere que disfrutemos de nuestro matrimonio y de nuestro compañero. Él quiere que sintamos el gozo de tener una persona especial en nuestra vida, un alma gemela que nos ame, cuide de nosotras y nos aprecie. Fue idea de Él que no pasáramos por la vida solos y que la unión del matrimonio nos hiciera más fuertes en la vida para hacer su voluntad. Para que cualquier matrimonio sea fuerte, necesitamos tener a Dios en el centro, como nuestra ancla y nuestra guía.

Ya sea que su matrimonio esté volando en las alturas, navegando de forma confortable, o hundiéndose en un hoyo, le invitamos a que lea estos capítulos y descubra maneras de vencer cualquier herida, restaurar su relación y cambiar lo mediocre por lo sensacional. Dios nos dio el matrimonio para ayudarnos y apoyarnos. Si edificamos el matrimonio a su manera, experimentaremos el verdadero gozo en nuestra relación.

El gozo del matrimonio a la manera de Dios

El gozo del matrimonio a la manera de Dios

✍

BEVERLY LaHAYE

Sean consolados sus corazones, unidos en amor.
COLOSENSES 2:2

No sé de usted, pero a mí siempre me causa emoción recibir una invitación de bodas. El pensar en una boda hace que salga mi vena romántica, y creo que a muchas mujeres les ocurre lo mismo. Comenzando más o menos en el mes de enero de cada año, cada ciudad y pueblo de los Estados Unidos empieza a enfocarse en la próxima "temporada de bodas": desde mayo hasta agosto. Floristerías, tiendas de bodas y proveedores de catering están nerviosos por el ritmo agitado que la temporada de bodas produce. Los novios se ven inundados por las interminables ideas sobre qué vestidos ponerse, qué esmoquin alquilar, las flores... el pastel... la música... los registros nupciales, y sigue la lista.

Todo lo atractivo y glamoroso de las bodas y el llamamiento al romanticismo que hay en el interior de cada mujer está en su punto más alto. Durante el día, la televisión está llena de casamientos en las telenovelas, las horas de mayor audiencia en televisión presentan al menos una o dos "escenas finales" del show de la temporada con una boda, y un canal por cable tiene regularmente un espacio titulado *A Wedding Story* (Historia de una boda). ¿Pero se ha dado cuenta de lo que todos ellos tienen en común? Todos se centran en la pompa y el brillo: un desfile lleno de glamour con solo unas pocas palabras dichas por el sonriente novio y la radiante novia. No se hace mención de que sea un acontecimiento sagrado: ordenado y creado por Dios. Todo el mundo está más preocupado por el vestido, las flores, la comida; y se pierde lo sagrado del momento.

El mundo ha comercializado, sentimentalizado y trivializado tanto esta unión sagrada, que muchas mujeres —y hombres— han olvidado el verdadero propósito del matrimonio. Cuando llega el momento en que el último pedazo de pastel nupcial ha sido consumido y las notas de gratitud se han escrito, la luna de miel ya hace mucho tiempo que se acabó, y lo mismo ocurre con el matrimonio. Un matrimonio basado en el acontecimiento de la boda, la atmósfera de fiesta y "el mayor día de tu vida", tiene un fundamento débil: un fundamento mundano que no soportará la presión y los desafíos de toda una vida. Pero un matrimonio que tiene a Dios como su fundamento —un matrimonio a la manera de Dios—, es un matrimonio que soportará "hasta que la muerte nos separe".

¿Cuál es exactamente el matrimonio a la manera de Dios? ¿Cómo quiere Dios que sea su matrimonio en realidad?

DIOS QUIERE QUE SU MATRIMONIO SEA SAGRADO

El matrimonio fue la primera institución creada y bendecida por Dios. Comenzó en el huerto del Edén con Adán y Eva. Dios, en primer lugar, creó a Eva porque "no es bueno que el hombre esté solo" (Génesis 2:18). Dios reconoció que Adán necesitaba una compañera, "una ayudadora" que le hiciera compañía. Nada de lo que Dios había creado hasta aquel momento —aves, animales, reptiles, o el bello entorno— llenaba ese vacío en el hombre. Dios, pues, creó a los seres humanos con la necesidad de compañerismo. Ahora bien, también sabemos que Dios hizo al hombre según su propia imagen. Génesis 1:27 dice: "Y creó Dios al hombre a su imagen, a imagen de Dios lo creó; varón y hembra los creó". Él creó al hombre; Él creó a la mujer. Él los creó únicos e hizo artesanalmente sus partes sexuales. "Y era bueno en gran manera" (Génesis 1:31).

Dios, entonces, bendijo a Adán y Eva (Génesis 1:28) y les dio su primer mandamiento: "Fructificad y multiplicaos". Bien, amigas, hay sólo una manera de hacer eso: teniendo relaciones sexuales. Así que ahora sabemos que Dios creó al varón y la hembra, los bendijo y les dijo que practicaran sexo. Y notemos el momento. Todo esto ocurre *antes* de que Satanás aparezca, tiente a Eva y la seduzca y convenza para que desobedezca a Dios. Todo esto ocurre y Dios declara que es "muy bueno". El hombre y la mujer, todos sus apetitos y deseos sexuales y las partes de sus cuerpos son sagrados para Dios; son especiales y han sido diseñados tal como Él quiso que fueran en un mundo perfecto. En un principio no había nada "sucio" acerca del sexo en el matrimonio: era puro y con propósito. Fue diseñado para eliminar la soledad, para proporcionar seguridad y felicidad, y para brindar la expresión más íntima de nuestro amor por nuestro cónyuge. Aquí no hay vergüenza ni culpa. Y aunque el mundo haya contaminado el sexo y lo haya convertido en una entidad comercial para hacer dinero, los cristianos deberían considerarlo desde otra perspectiva: como un regalo sagrado y bendecido por Dios.

En el Nuevo Testamento, Jesús muestra su aprobación de la institución del matrimonio acudiendo a una boda y realizando su primer milagro. Más tarde, Él habla acerca del matrimonio y dice: "¿No habéis leído que el que los hizo al principio, varón y hembra los hizo, y dijo: Por esto el hombre dejará padre y madre, y se unirá a su mujer, y los dos serán una sola carne? Así que no son ya más dos, sino una sola carne; por tanto, lo que Dios juntó, no lo separe el hombre" (Mateo 19:4-6).

El apóstol Pablo, mediante la inspiración del Espíritu Santo, también tiene algo que decir acerca del matrimonio: "Honroso sea en todos el matrimonio, y el lecho sin mancilla" (Hebreos 13:4).

El propósito de mantener el lecho sin mancilla es sencillo: es sagrado, y a lo largo de toda la Biblia los mandamientos de Dios son muy claros acerca de la manera de manejar las cosas sagradas: con cuidado y respeto.

Otro aspecto de lo sagrado del matrimonio es su naturaleza privada. El matrimonio es la máxima relación entre esposo y esposa. Eso no quiere decir que podamos pasar por alto otras relaciones. Existen relaciones con familiares y amigos que ciertamente deben tomarse en consideración en un matrimonio, pero cuando termina el día y la puerta del dormitorio se cierra, el matrimonio se trata de dos personas, y solo dos personas. Yo me pongo muy nerviosa en las bodas cuando el novio y la novia siguen y siguen haciéndose promesas muy personales en la ceremonia pública, cuando esas promesas deberían permanecer en privado. El matrimonio es sagrado, o privado, entre ustedes dos y Dios. Hay algunas promesas que tienen que ser públicas, pero hay otras cosas que se comparten mejor solamente entre ustedes dos. Lo que ocurra en el dormitorio y en los momentos íntimos de su vida matrimonial no deberían compartirse ni discutirse despreocupadamente o de pasada con otras personas. Mantengan su matrimonio sagrado. Mantener ciertos aspectos en privado contribuirá a su intimidad y su cercanía, sabiendo que solo ustedes dos conocen y comparten ciertos secretos.

DIOS QUIERE SER PARTE DE SU MATRIMONIO

El matrimonio está muy cerca del corazón de Dios. Él lo aprecia tanto que utiliza el matrimonio para describir el amor de

Cristo por la Iglesia (Efesios 5:22-33). Él creó el matrimonio. Él instituyó el matrimonio, y Él quiere bendecir su matrimonio y ser parte de él para asegurar su gozo y su éxito. Y esto va mucho más allá de insertar simplemente la frase: "delante de Dios y de estos testigos" en la ceremonia matrimonial. Esa frase se incluye más por tradición que por el significado o propósito que realmente tiene. Repasen deliberadamente las palabras de la ceremonia y las palabras de las canciones que se cantarán en su boda, y estén totalmente seguros de que ese día especial para ustedes sea un testimonio para todos los que asistan de que su unión es de Dios, y que Él está en el centro de su relación.

Los votos nupciales se prometen ante los ojos de Dios, y no deberían tomarse a la ligera. Eclesiastés 5:4-5 dice: "Cuando a Dios haces promesa, no tardes en cumplirla; porque él no se complace en los insensatos. Cumple lo que prometes. Mejor es que no prometas, y no que prometas y no cumplas". El voto que usted hace a su cónyuge también se lo hace a Dios.

La fortaleza matrimonial implica a Dios. La Biblia dice: "Fortaleceos en el Señor, y en el poder de su fuerza" (Efesios 6:10). Cuando usted involucra a Dios en su matrimonio, crea un vínculo que no se puede romper. Puede que se balancee en medio de vientos huracanados cuando la vida se vuelva tormentosa, pero no será aplastado. Puede que sea golpeado por la adversidad y el dolor, pero no será destruido: no si tiene usted la fortaleza de Dios y el poder de su fuerza como el fundamento de su relación.

DIOS QUIERE QUE SU MATRIMONIO
TENGA PASIÓN

Dios nos creó como seres sexuales. Su intención fue que el hombre y la mujer fuesen diferentes, pero al mismo tiempo se complementasen el uno al otro y se "unieran en una sola carne". Dios creó las pasiones y deseos en la carrera de los humanos como algo bueno. El deseo sexual fue creado para nuestro placer y disfrute mutuo, y "era muy bueno". Desgraciadamente, los aspectos positivos y la enseñanza positiva de la Biblia acerca del sexo y el matrimonio palidecen a la sombra de las numerosas advertencias, mandamientos y amonestaciones contra la fornicación, el adulterio y la prostitución. Se ha predicado a generaciones de jóvenes sacudiendo dedos, y se ha predicado acerca de "lo que no hay que hacer" hasta tal punto, que la mayoría de nosotras crecimos pensando que había algo oscuro, prohibido y realmente malo en desear el sexo y disfrutarlo una vez casadas. Pero aquí está la buena noticia, si es que no la había escuchado: Dios creó la pasión, y Él quiere que ustedes, como pareja casada y en el sagrado lecho matrimonial, disfruten de ella. Sencillamente no es cierto que cualquier cosa que pueda considerarse espiritualmente aceptable o sagrada, no pueda disfrutarse. Dios creó el sexo para que fuese sagrado y para que fuese lo máximo en compromiso y relación entre dos personas, pero Él lo creó bueno, divertido y placentero. Dios creó cada uno de nuestros instintos humanos y nuestro diseño físico y emocional de tal manera que pudieran ser usados para nuestro disfrute, y no para nuestra tortura personal. Nuestro Dios es un

Dios de amor, no un Dios de tormento, de burlas y de tortura. Él nos dio el regalo de la sexualidad para una actividad concreta y placentera.

En un primer momento en Génesis, después de que Dios terminase de crear al hombre y a la mujer a su propia imagen, Él los bendijo y después les dio un mandamiento. Fue el primer "quehacer" en la Biblia, y es un mandamiento positivo y placentero: "Fructificad y multiplicaos". Ahora bien, como ya sabemos, hay solo una manera natural de hacerlo: practicando sexo. Obviamente, también quiere decir que el sexo tiene como propósito la procreación, pero para la mayoría de las personas ocurre que no todos los encuentro sexuales dan como resultado la concepción. Se produce mucho placer mientras se intenta cumplir con el mandato de Dios. Muchas parejas son físicamente incapaces de concebir un hijo, pero eso no quiere decir que tengan que dejar de hacer el amor.

Hace muchos años, mi esposo Tim y yo escribimos un libro titulado *The Act of Marriage*, (El acto matrimonial), que aborda la forma en que la Biblia apoya el hecho de que Dios aprueba las relaciones sexuales entre parejas casadas:

> Génesis 2 nos proporciona una descripción más detallada de la creación de Adán y Eva por parte de Dios, incluyendo la afirmación de que Dios mismo trajo a Eva ante Adán (Génesis 2:22), evidentemente para presentarlos formalmente y darles el mandamiento de fructificarse. Entonces, describe de forma muy bella su inocencia con estas palabras: "Y estaban ambos desnudos, Adán y su

mujer, y no se avergonzaban" (Génesis 2:25). Adán y Eva no conocían la vergüenza en aquella ocasión debido a tres razones: 1) fueron presentados por un Dios santo y recto que les mandó que hiciesen el amor; 2) sus mentes no estaban precondicionadas hacia la culpa, ya que aún no se había dado ninguna prohibición referente al acto matrimonial; 3) y no había ninguna otra persona en los alrededores que observara sus relaciones íntimas.

Dios reconoce las apasionadas necesidades del esposo y la esposa dándoles un mandamiento que está incluido en las leyes de Moisés. Es una ley, de parte de Dios, que a la mayoría de los recién casados les encantaría que estuviese en vigor en la actualidad: "Cuando alguno fuere recién casado, no saldrá a la guerra, ni en ninguna cosa se le ocupará; libre estará en su casa por un año, para alegrar a la mujer que tomó" (Deuteronomio 24:5). ¡Vaya! Eso sí que sería divertido: ¡que le dijeran a su pareja que su única obligación durante todo un año era hacerla feliz a usted! Si aún nos atreviéramos a mencionar ese concepto hoy en día, alguien exclamaría: "¡Será en sueños!". Aunque nuestra sociedad no incluirá este planteamiento, el mandamiento nos muestra que Dios tenía la intención de que los matrimonios fuesen para la felicidad mutua del hombre y la mujer, y que ese primer año de matrimonio, en especial, fuera un tiempo de un gran afecto y pasión a medida que la pareja se va conociendo y disfrutan el uno del otro.

Hay otros pasajes en la Biblia que afirman con toda claridad cuál es la intención de Dios para el sexo en el matrimonio. Todo el libro del Cantar de los Cantares de Salomón es un bello y sensual diálogo entre dos jóvenes amantes poco después de su matrimonio. "Hallé luego al que ama mi alma; lo así, y no lo dejé" (Cantares 3:4). Para quienes leen por primera vez este poema que tiene la longitud de un libro, es un poco desconcertante que Dios permita que unas frases tan sinceras y apasionadas se incluyan en la Biblia. Y, sin embargo, este libro de la Biblia, al igual que todos los demás, es "inspirado por Dios" (2 Timoteo 3:16). Se ha incluido en cada una de las ediciones de la Biblia desde la primera vez en que fue impresa. Nunca ha habido un debate porque fuese demasiado gráfico o demasiado descriptivo, o porque debiese ser quitado o solamente se incluyese en ediciones "solo para adultos". No; Dios quiso que tuviésemos un punto de vista sano y positivo acerca del sexo en el matrimonio, y con este libro de su Palabra Él lo demuestra.

Pero el pasaje crucial en la Biblia referente al amor marital se encuentra en la carta de Pablo a los corintios:

> "Cada uno tenga su propia mujer, y cada una tenga su propio marido. El marido cumpla con la mujer el deber conyugal, y asimismo la mujer con el marido. La mujer no tiene potestad sobre su propio cuerpo, sino el marido; ni tampoco tiene el marido potestad sobre su propio cuerpo, sino la mujer. No os neguéis el uno al otro, a no ser por algún tiempo de mutuo consentimiento, para ocuparos sosegadamente en la oración; y volved a juntaros en uno, para que no os tiente Satanás a causa de vuestra incontinencia" (1 Corintios 7:2-5).

El sexo no es para conseguir poder o persuasión, ni para utilizar al cónyuge. Es para el placer mutuo, para una entrega sin egoísmo y para expresar íntimamente el profundo amor que usted siente por su pareja.

DIOS QUIERE QUE USTEDES SEAN LOS MEJORES AMIGOS

Un matrimonio basado en la amistad es un matrimonio que tiene la fuerza y el poder para perdurar y resistir. La pasión es importante, pero la amistad es un material fuerte. La amistad crea una firme seguridad que hace que el simple hecho de estar juntos renueve el espíritu. Es el lugar en el matrimonio que es como una cálida manta en una fría noche de invierno: un lugar de serenidad, paz, calma y gozo. Estar casada con su mejor amigo es la más profunda de las amistades. Ustedes pueden compartir todo en confianza, pueden hablar incansablemente sobre sus sueños y cuidar profundamente el uno del otro.

> *Un matrimonio basado en la amistad es un matrimonio que tiene la fuerza y el poder para perdurar y resistir.*

De hecho, ese compartir continúa aun cuando las palabras no se pronuncian: la mera presencia de su cónyuge es su paz.

Me encanta la afirmación bíblica: "Tal es mi amado, tal es mi amigo" (Cantares 5:16). La frase lo dice todo. Es el mejor amigo que usted tendrá jamás; compartirá más cosas con esta persona que con cualquier otra amiga que tenga durante toda su vida.

Usted comparte su vida, su futuro y su cuerpo con este amigo tan especial. El matrimonio es lo máximo en amistad; tiene todas las cualidades de una buena amistad, y mucho más. Las buenas amistades son una proposición de dar y tomar; el matrimonio lo es aún más. Otras cualidades clave de la amistad incluyen lo siguiente: los amigos pueden decirse casi todo el uno al otro, los amigos son de confianza y mantienen ciertas cosas en secreto, los amigos se aconsejan el uno al otro, los amigos escuchan, los amigos se sacrifican por la otra persona, no tienen planes ocultos, siempre se puede contar con ellos, se divierten juntos, y los amigos pasan por alto los asuntos sin importancia.

Las buenas amistades nunca son egoístas. El apóstol Pablo les dijo a los filipenses: "No mirando cada uno por lo suyo propio, sino cada cual también por lo de los otros" (Filipenses 2:4). Este es un consejo fabuloso también para una relación matrimonial. El amor sin egoísmo significa poner en primer lugar las necesidades de su cónyuge. El amor genuino florece en el dar. Robert Moeller, en su libro *To Have and to Hold* (Tener y mantener) prefiere llamarlo "amor que da" en lugar de "hacer el amor": "Hacer el amor suena demasiado a la mera unión mecánica de los cuerpos de un hombre y una mujer. Amor que da suena mucho más al compartir del alma, los afectos, el respeto, la más profunda preocupación y el corazón con otra persona". El mejor sexo es la entrega mutua de nuestro cuerpo a nuestro cónyuge: nadie debería *obligar* a nadie a practicar sexo; eso es egoísta, y significa utilizar a la otra persona para la gratificación y propósito personal. Pero cuando uno *entrega* amor, se concentra en el placer y el disfrute de la otra persona; usted está amando a su cónyuge, y no utilizándolo.

Otro aspecto de la amistad en el matrimonio es: "En todo tiempo ama el amigo" (Proverbios 17:17). Este tipo de amor recorre la distancia. Soporta a pesar del ataque de la gripe, de diez cheques rechazados por el banco, del auto que no arranca el lunes en la mañana, de los conflictos con los padres, y de los desacuerdos acerca de la forma de apretar el bote de dentífrico. A pesar de todas esas cosas, los amigos aman. La amistad son los ladrillos de un matrimonio: el sexo apasionado es el cemento que los une.

DIOS QUIERE QUE SU MATRIMONIO SEA DIVERTIDO

El matrimonio es, sin lugar a dudas, un asunto serio, y no debe tomarse a la ligera ni pensar en él como algo temporal o solo hasta que el romance se desvanezca. Pero Dios también quiere que lo pasen bien. El matrimonio es una relación con la persona que significa más para usted que ninguna otra relación que jamás tendrá. Esta persona es su alma gemela, quien mejor le conoce y más se preocupa por usted (más aún que su mamá). Por tanto, estén felices y alégrense. Hay una vieja canción que dice: "Acentúa lo positivo, elimina lo negativo". Haga eso. Cuando la vida sea buena, disfrútela. Aprenda a estar contenta con lo que tenga, y viva el momento. No me malentienda; usted necesita tener sueños y hacer planes para el futuro, y Dios nos ha prometido un gran futuro (Jeremías 29:11), pero asegúrese de disfrutar el viaje hasta allí. Existen demasiadas parejas que se ven tan envueltas en lo porvenir, que se pierden la diversión que pueden disfrutar a lo largo del camino. La mayor parte de la diversión está en lograr sus sueños. Cuando usted se ría, ríanse juntos. La risa el uno con el otro por lo que esté pasando en la vida les hará abrirse paso por muchas situaciones. Nunca se divierta a costa de su pareja. Sean sensibles a las necesidades el uno del otro y a los "temas espinosos". No haga burla del hecho de que a él no se le dé bien utilizar un martillo; no critique la manera de cocinar de ella; no hagan burla del aumento de peso. Pero sí aprenda a reírse de usted misma.

Prueben cosas nuevas también: embárquense en una aventura, vayan en auto a una nueva ciudad y vean algo diferente. En el matrimonio, ambos pueden explorar los intereses de la otra persona al igual que su sexualidad. Dios no pone límites al gozo de ustedes: son ustedes quienes lo hacen.

CÓMO TENER UN MATRIMONIO A LA MANERA DE DIOS

1. *Estudien las Escrituras.* Muchas iglesias en la actualidad demandan que las parejas asistan a una serie de sesiones de consejería prematrimonial con el pastor que oficiará la ceremonia. Durante las sesiones de consejería, asegúrense de pasar algún tiempo hablando sobre la perspectiva de Dios acerca del matrimonio. Estudien juntos los diferentes pasajes bíblicos mencionados en este capítulo. Asegúrense de haber dejado atrás las

ideas preconcebidas y las percepciones del sexo comercializado de telenovela antes de comenzar su vida matrimonial. 2. *Oren.* Aprendan a orar juntos en voz alta. Ello hará que mantengan su matrimonio centrado en Dios y en el otro, y no en ustedes mismos. Oren para que Dios bendiga su matrimonio. Oren por sabiduría y dirección. Oren por gozo y la capacidad de reconocer lo bueno de la vida, y estar satisfechos. Oren para recibir fuerza cuando deban enfrentar los momentos difíciles de la vida: esos momentos que tienen derecho a las partes de sus votos matrimoniales que decían: "en lo bueno y en lo malo... en la enfermedad". Oren para que, a pesar de lo que Dios ponga en su camino, ambos se atraigan aún más en lugar de separarse.

Oren para que el Espíritu Santo viva en sus vidas y llene cada rincón de su hogar, para que así puedan sentir la presencia de Dios en cada habitación. Jesús prometió que Él estaría ahí. "Porque donde están dos o tres congregados en mi nombre, allí estoy yo en medio de ellos" (Mateo 18:20).

3. *Hagan a Dios parte de su ceremonia matrimonial.* Pídanle a su pastor que les ayude a asegurar que este enfoque sea firme, seguro y obvio en su día de boda. Puede que él tenga alguna sugerencia sobre la manera de incluir visualmente en la ceremonia la unidad de ustedes con Dios y el uno con el otro. Algunas parejas trenzan juntos tres hebras de cuerda para simbolizar la triple unidad que tienen con Dios en su matrimonio. Este gesto ilustra de forma muy bella a Eclesiastés 4:12: "Cordón de tres dobleces no se rompe pronto". Con Dios como tercera hebra en su matrimonio, tendrán una fuerza enorme. Otro pasaje que puede ilustrar

su enfoque en Dios en su matrimonio es Josué 24:15: "Escogeos hoy a quién sirváis... pero yo y mi casa serviremos a Jehová".

Si ya están casados y se dan cuenta de que no realizaron un compromiso obvio con Dios en su ceremonia, tómense algún tiempo para volver a poner su matrimonio en manos de Dios y pídanle que Él sea la cabeza de su hogar y el centro de su matrimonio.

4. *Mantengan en privado su vida sexual.* Si están de acuerdo en que el matrimonio es sagrado y un regalo muy especial de Dios, entonces lo que ustedes hagan en el dormitorio (o en cualquier otro lugar de la casa) no es un tema de discusión o anuncio públicos. Sentirán mayor confianza y más cercanía como pareja si sus escapadas sexuales son información privilegiada dentro del dormitorio. La manera en que comparten mutuamente su amor y su afecto es para el disfrute entre ustedes dos. El misterio del amor y el afecto compartidos pierde su exclusividad y su emoción cuando se anuncia en los comedores y se habla de él en el gimnasio o tomando café. Dios quiso que el sexo sea un asunto privado, así que guárdenlo de esa manera.

5. *Hagan de su matrimonio una prioridad.* Pongan su matrimonio en segundo lugar en su lista de prioridades: justo después de Dios. Eso no va a ser tarea fácil, pero es muy, muy importante para crear un matrimonio "a la manera de Dios". Piense un minuto sobre ello: Eso significa que su trabajo, sus aficiones, sus hijos, sus sueños, sus padres, o cualquier otra cosa, se sitúan en tercera o más baja posición, pero su matrimonio debería estar cimentado en segundo lugar. En términos prácticos, esto quiere decir que si lo que usted está haciendo provoca que su matrimonio sufra y que su pareja se sienta desgraciada, necesita cambiarlo de alguna manera. Agradar a su compañero, ser atenta con él y

pasar tiempo juntos como pareja le proporcionarán verdadero gozo y harán que ambos estén más unidos.

Un matrimonio a la manera de Dios es un matrimonio que permanece, un matrimonio que está "arraigado y cimentado en amor" (Efesios 3:17). Es lo máximo respecto a lo que Dios creó y siempre quiso que fuera el matrimonio y una relación de amor. No puede lograrlo por usted misma mediante muchos consejos, interminables libros sobre el matrimonio y organizadores de bodas; necesita la ayuda de Dios cada día y en cada momento de su vida matrimonial para tener un amor puro, verdadero y perdurable, tal como se describe en 1 Corintios 13:1-8, 13:

"Si yo hablase lenguas humanas y angélicas, y no tengo amor, vengo a ser como metal que resuena o címbalo que retiñe. Y si tuviese profecía, y entendiese todos los misterios y toda ciencia, y si tuviese toda la fe, de tal manera que trasladase los montes, y no tengo amor, nada soy. Y si repartiese todos mis bienes para dar de comer a los pobres, y si entregase mi cuerpo para ser quemado, y no tengo amor, de nada me sirve.

El amor es sufrido, es benigno; el amor no tiene envidia, el amor no es jactancioso, no se envanece; no hace nada indebido, no busca lo suyo, no se irrita, no guarda rencor; no se goza de la injusticia, mas se goza de la verdad. Todo lo sufre, todo lo cree, todo lo espera, todo lo soporta. El amor nunca deja de ser...

Y ahora permanecen la fe, la esperanza y el amor, estos tres; pero el mayor de ellos es el amor."

ACERCA DE LA AUTORA

Beverly LaHaye es fundadora y presidenta de *Concerned Women for America* (CWA). Es autora de ocho libros y coautora de siete más junto a su esposo Tim, siendo uno de los más conocidos *The Act of Marriage* (El acto matrimonial). Beverly actualmente sirve en las juntas directivas de varias organizaciones: Liberty University, Childcare International y International Right to Life Federation.

VERSÍCULOS QUE INSPIRAN

"Porque mis pensamientos no son vuestros pensamientos, ni vuestros caminos mis caminos, dijo Jehová" (Isaías 55:8).

"Enséñame, oh Jehová, tu camino; caminaré yo en tu verdad; afirma mi corazón para que tema tu nombre" (Salmo 86:11).

"Nunca se aparten de ti la misericordia y la verdad; átalas a tu cuello, escríbelas en la tabla de tu corazón" (Proverbios 3:3).

"Seguid el amor" (1 Corintios 14:1).

"Bienaventurado todo aquel que teme a Jehová,
    que anda en sus caminos.
Cuando comieres el trabajo de tus manos,
    bienaventurado serás, y te irá bien.
Tu mujer será como vid que lleva fruto
    a los lados de tu casa;
Tus hijos como plantas de olivo
    alrededor de tu mesa.
He aquí que así será bendecido el hombre
    que teme a Jehová.
Bendígate Jehová desde Sion,
    y veas el bien de Jerusalén todos los días de tu vida"
(Salmo 128:1-5).

"Grandes cosas ha hecho Jehová con nosotros; estaremos alegres" (Salmo 126:3).

Intimidad espiritual
en el matrimonio

❧

JULIE CLINTON

Y si alguno prevaleciere contra uno, dos le resistirán;
y cordón de tres dobleces no se rompe pronto.
ECLESIASTÉS 4:12

La mayoría de las parejas tiene una vida espiritual conjunta muy escasa, no sólo en las primeras etapas del matrimonio sino a lo largo de toda su vida juntos. Pero no hay nada más importante que un esposo y una esposa que acuden juntos a abrazar a Dios y buscar su rostro en el matrimonio. Cuando esto ocurra, usted tendrá la muestra del matrimonio que siempre quiso tener.

COMPRENDER LA INTIMIDAD ESPIRITUAL

La intimidad espiritual es el acto acudir juntos, de forma consistente e intencionada, delante de Dios para conocerlo más íntimamente y servirlo de manera más plena y completa; o, dicho en términos más sencillos, conocer y buscar a Dios juntos. Desgraciadamente, según el autor Neil Clark Warren, solamente un 10-15% de las parejas disfrutan realmente de la verdadera espiritualidad. Sé que para Tim y para mí, había muchas cosas que parecían competir por nuestro amor: para robarnos el gozo que Dios quería. El deseo estaba ahí, pero nos perdíamos en el camino y, al final, nuestro desánimo era mayor. Aprender los principios básicos le ayudará a desarrollar un matrimonio más espiritual.

LOS PRINCIPIOS BÁSICOS DE LA INTIMIDAD ESPIRITUAL

Tenga un propósito, una visión espiritual para su matrimonio, aun cuando su esposo no la tenga. Una visión como esa le recuerda que el matrimonio está ordenado por Dios, y Él es quien desea bendecir su matrimonio. La Escritura dice que cuando los caminos de usted siguen los de Él, "aun a sus enemigos hace estar en paz con él" (ver Proverbios 16:7). Nuestras vidas deben estar definidas de acuerdo a Juan 3:30, que dice: "Es necesario que él crezca, pero que yo mengüe". Cuando Él está en el centro, eso lo cambia todo.

También ayuda saber lo que la intimidad espiritual no es. En primer lugar, la intimidad espiritual *no* se trata de cambiar a su cónyuge. Aunque eso posiblemente ocurra, cambiarlo no es la meta. Como mujeres, nacemos arregladoras; nos gusta arreglar todo lo que pensamos que es incorrecto o, simplemente, imperfecto. Pero nuestro propósito nunca debería ser el de utilizar a Dios como un arma o sencillamente en beneficio de cambiar a nuestro esposo. No hace mucho tiempo leí el libro *Lies Women Believe* (Mentiras que las mujeres creen), de Nancy Leigh Demos. Ella menciona cuarenta mentiras que las mujeres a menudo creen. Una mentira es: "Es responsabilidad mía cambiar a mi pareja". Después, ella continúa:

Cuando intentamos cambiar a nuestra pareja, el enfoque se aparta de nuestras necesidades como esposa y de nuestro propio caminar con Dios. Podemos cambiarnos a nosotras mismas pero, sin embargo, no podemos cambiar el corazón de nuestro cónyuge. Solamente Dios puede hacerlo. Muchas esposas cristianas no comprenden que tienen a su disposición dos armas muy poderosas y que son mucho más eficaces que el gemido, la queja y el sermonear, cosas que solemos hacer muy a menudo. La primera arma es una vida piadosa, la cual Dios puede usar para crear convicción y hambre espiritual en nuestro esposo. La segunda arma es la oración. La esposa que constantemente señala cosas que quiere que su esposo cambie, hace que él se ponga a la defensiva y se resista. Si ella lleva esas preocupaciones al

Señor, si clama para que un poder mayor actúe en la vida de su esposo, es muy difícil que un hombre se resista a Dios, en lugar de resistirse a una esposa gruñona.

En segundo lugar, la intimidad espiritual *no* se trata de hacer que Dios esté de nuestro lado.

Su principal objetivo o propósito debiera ser quitar el enfoque de sobre usted misma y permitir a Dios que trabaje en usted y a través de usted para hacer a su esposo más semejante a Él. No se trata de hacer que Dios esté a favor de usted. La maravillosa verdad sobre permitir que Dios obre en usted y a través de usted es la realidad de que ¡Él está siempre a favor de usted!

Una vez escuché a alguien decir que la palabra *intimidad* puede dividirse de tal forma que significa: ves dentro de mi corazón, ves los deseos de mi corazón. Necesitamos aprender a ver dentro del corazón de Dios para que cuando Él vea el nuestro, vea el corazón de Dios en muchos sentidos.

Hay dos ingredientes principales para la intimidad espiritual: la *seguridad* y la *honestidad*. Ya que la intimidad espiritual requiere una vulnerabilidad tan profunda, me parece que la seguridad es un asunto importante. En su matrimonio, debería usted sentirse segura. Su matrimonio debe ser un lugar donde los dos puedan ser ustedes mismos; un lugar donde usted sea libre para expresar sus pensamientos y preocupaciones sin ningún temor a ser juzgada. Una cosa es cierta: la intimidad nunca se elevará por encima del nivel de temor que exista en la relación. Permítame darle un pequeño ejemplo. Cuando Tim y yo nos casamos, pasábamos todos los veranos en Montana. Mis padres eran propietarios de dos negocios, y nosotros trabajábamos todo el verano para así poder volver a la universidad y tener dinero para pagar nuestros estudios. Recuerdo que en nuestro primer año de matrimonio intentamos con mucho esfuerzo tener una vida espiritual e íntima juntos y también con mi familia. Una de las primeras veces en que oramos juntos, Tim estaba dirigiéndonos (a mí y a mi familia) en oración y se atrancó con sus propias palabras. De forma muy inocente, yo comencé a reír; era divertido y, en cierta manera, dulce, pero fue un gran error en aquel momento. Le hice sentir muy incómodo, y él aún lo recuerda como si hubiese sucedido ayer. Desde luego, ahora nos reímos juntos de ello; pero eso es algo que usted *no* querrá hacer en un matrimonio.

La honestidad es el segundo ingrediente principal. Usted necesita estar dispuesta a expresar sus sinceros sentimientos siempre en amor (Efesios 4:15). Necesita poder ser usted misma y no una impostora. Si su cónyuge está enojado o desanimado, entonces su tarea es la de ser modelo de honestidad. Usted necesita dirigir el camino, porque una persona puede ayudar a cambiar un matrimonio. Necesitamos tanto la seguridad como la honestidad para tener intimidad, porque si un cónyuge no se siente seguro, él o ella no podrá ser honesto. El resultado final, entonces, es el deseo —un hambre espiritual por Dios juntos— sin ninguna sustancia.

BARRERAS PARA LA INTIMIDAD ESPIRITUAL

¿Por qué es tan difícil lograr la intimidad espiritual? Aunque la lista es interminable, permítame ofrecer un par de barreras y barricadas que son clave y que evitan que sigamos en el camino de la intimidad espiritual.

1. *Estrés.* Una de las barricadas es la tensión de la vida cotidiana. Judith Wallerstein y Sandra Blakeslee, en su libro *The Good Marriage* (El buen matrimonio) dicen: "En los matrimonios de hoy en día, en los cuales las personas trabajan durante muchas horas, viajan mucho y compaginan las responsabilidades profesionales con las familiares, hay más fuerzas que tiran de la relación de las que ha habido jamás. Los matrimonios actuales son golpeados por las demandas del trabajo de ella al igual que las de él, por valores que cambian, por la ansiedad de poder llegar a fin de mes, por los traslados geográficos, por el desempleo y la recesión, por las vicisitudes del cuidado de los hijos y por una multitud de otros asuntos".

Cuando usted siente estrés, todas sus energías se dirigen a protegerse a usted misma y a resolver los problemas que causaron el estrés en primer lugar. Queda muy poca energía para pasar tiempo con su cónyuge y desarrollar una relación íntima con él y con el Señor. Controlar o dirigir el estrés de cada día es un problema en el que todo el mundo debe ocuparse.

2. *Tiempo.* Sencillamente no tenemos tiempo que dar. Si es usted como yo, estará diciendo: "Amén. ¡Predícalo, muchacha!". Richard Swensen, en su libro *Margin* (Margen), afirma que la pareja promedio actual pasa solamente cuatro minutos al día de tiempo significativo como pareja. Es difícil equilibrar todas las demandas del trabajo, los hijos y un cónyuge. Como me decía mi mamá cuando yo era adolescente: "Si ahora no apartas tiempo para el Señor, nunca tendrás tiempo más adelante".

Tenemos que hacer que el tiempo para estar con nuestro cónyuge y el tiempo para estar con Dios sean una prioridad principal cada día.

3. *Ataque satánico.* Efesios 6:12 dice: "Porque no tenemos lucha contra sangre y carne, sino contra principados, contra potestades, contra los gobernadores de las tinieblas de este siglo, contra huestes espirituales de maldad en las regiones celestes". Estamos en una batalla espiritual y nuestro enemigo es Satanás. Yo creo que los objetivos clave de Satanás son su matrimonio y su relación con el Señor. Puede que usted pregunte: "¿Por qué es eso así?". Creo que es porque pasamos por alto la institución sagrada de Dios, que es la familia.

4. *Egoísmo.* Ninguno de nosotros ha dominado la vida no egoísta. No importa lo mucho que amemos y estemos comprometidas con nuestro cónyuge, el egoísmo surge demasiado a menudo. Ello solo comunica a nuestro cónyuge que él está solo y tiene que cuidar de sí mismo. El mal siempre ha intentado lograr que nos centremos en nuestro yo y que creamos que Dios ni siquiera está ahí a nuestro lado. Tal manera de pensar y de comportarnos destruye nuestra vida amorosa con Dios y nuestra vida amorosa con nuestro cónyuge.

5. *Tradición.* Todos crecemos con diferentes formas de adorar a Dios. En algunos hogares, la intimidad espiritual era muy importante, y nuestros padres eran ejemplo de ello para nosotros; en otros no era así. A pesar de todo, la influencia de los padres y las tradiciones se arraigan profundamente. Juntar dos maneras diferentes de buscar a Dios puede ser algo bastante desafiante. Yo me siento muy bendecida de haber sido educada en

una familia donde mis padres fueron ejemplo de intimidad espiritual para mí. Por ejemplo, cuando yo pasaba por el cuarto de mis padres en la noche y su puerta estaba entreabierta, a menudo los veía orando juntos. Ellos compartían peticiones de oración, leían la Palabra de Dios y sencillamente compartían sus pensamientos: sus sentimientos y las actividades del día. Muchas veces incluso los veía llorando juntos. Eso puso en mí un hambre verdadera por ese tipo de relación en el matrimonio. Quizá usted no fue bendecida con ese ejemplo. Quizá su esposo fuera educado en una familia donde no había ningún ejemplo de intimidad espiritual, o donde eso se mantuviera muy en privado. Ya que es cierto que las familias tienden a reproducirse a sí mismas, usted va a tener que hablar sobre esto y no simplemente suponer que su cónyuge comprende la importancia de compartir.

6. *Emociones negativas.* Temor, desánimo, ira... Hay muchas emociones negativas que pueden ser una barrera para la intimidad espiritual. Estoy segura de que usted podría mencionar muchas más. Yo menciono el temor porque muchas parejas se sienten intimidadas o avergonzadas de orar delante de su cónyuge. Además, puede haber momentos en que usted se sienta muy desanimada con la vida y desconectada de Dios hasta tal punto, que piense que a Dios ni siquiera le importa usted. La ira es otra barrera emocional. Es muy difícil orar con su cónyuge cuando usted se siente frustrada y enojada con él. Las parejas exitosas han aprendido a controlar su enojo. El enojo, por sí mismo, no es malo, pero lo que realmente importa es lo que hacemos con nuestro enojo. Existen tres receptores de su

enojo: usted misma, su cónyuge y el Señor. Es muy difícil sentirse segura, ser honesta, reírse u orar con alguien con quien está enojada. Es en este punto donde Pablo nos anima; él dice: "Procurad lo bueno delante de todos los hombres... estad en paz con todos los hombres —y también nos advierte— No os venguéis vosotros mismos" (Romanos 12:17-19). Sus emociones señalan aguas turbulentas y necesidad de intimidad, pero no permita que nunca sean barreras para acudir a Dios. Reconózcalas y lleve ante Dios cada una de ellas.

7. *Conocimiento.* Quizá uno de ustedes, o ambos, no comprendan quién es Dios y cómo acercarse a Él juntos. Hebreos 11:6 dice que cualquiera que "se acerca a Dios crea que le hay, y que es galardonador de los que le buscan". Quizá no sepa usted cómo orar o cómo comenzar a leer la Biblia. Le recomiendo que busque a un pastor que crea en la Biblia, se involucre en su iglesia local y comience en su viaje.

8. *La distancia entre géneros.* Los hombres y las mujeres a menudo ven las cosas de manera diferente. La intimidad puede significar una cosa para el esposo y otra para la esposa. Por eso tenemos que conectar, y tenemos que hablar de estas diferencias abiertamente. He escuchado decir a muchos esposos: "Yo soy bastante íntimo como esposo. Realmente he invertido en nuestro matrimonio. Esta semana llevé a mi esposa a cenar fuera; corté el césped y bañé a los niños. Invierto mucho tiempo en mi esposa y mi familia". Bien, según la esposa, él está muy lejos de llevarse una puntuación de diez sobre diez; podría quedarse en un seis sobre diez. Ella siente que la mayoría de sus necesidades no se están supliendo. ¿Qué hace ella, entonces?

Continúa presionándolo, ¿no es cierto? Lo cual solamente hace que él se sienta más amenazado, lo cual es una amenaza para su intimidad. Él piensa que tal comportamiento es demandante y controlador. Por otra parte, la esposa piensa: *No me voy a conformar con un seis sobre diez. Mis necesidades no se están supliendo y eso es importante para mí.* En lugar de luchar en voz alta, tenemos que expresarlo en voz alta. Hablen sobre sus diferencias; aprendan a conectar. ¿Recuerda *ver dentro de mí?* Cuando lo haga, cerrará esa distancia entre géneros y abrirá las puertas para la intimidad espiritual.

9. *La superioridad es otro asunto.* La inferioridad y la superioridad tienen algo que ver con la práctica de querer destacar. Un mensaje así destruye la intimidad. Quizá usted sea quien esté sintonizada con el Señor de una forma muy espiritual. Fue educada en un hogar cristiano, fue a la escuela bíblica y aun puede que sea capaz de leer griego y hebreo. Si es así, su cónyuge puede que se sienta muy intimidado al leer la Palabra de Dios e intentar aplicarla a la vida. Quizá sea usted muy activa en la iglesia y presione a su esposo diciendo: "Tienes que hacer lo mismo". Usted tiene que tener mucho cuidado con el mensaje que comunica, porque puede dar la impresión de ser una sabelotodo y puede que esté sutilmente haciendo que su esposo se aleje de Dios en lugar de acercarse a Él. Recuerde que la intimidad espiritual no se trata de impresionar a su cónyuge; se trata de construir juntos una relación con el Señor Jesucristo.

Otro aspecto de la superioridad es el asunto de la sumisión. La sumisión no se trata de ser el jefe o el que gobierna. Se trata de responsabilidad: nunca de superioridad e inferioridad. Tristemente, muchos hombres han adoptado un punto de vista erróneo sobre un concepto bueno. Según Les y Leslie Parrott: "La sumisión o dirección podría ser mejor descrita como ser el primero en honrar, el primero en nutrir y el primero en suplir las necesidades de su pareja".

No importa con cuál de estas barrerás esté usted luchando; pregúntese constantemente: "¿Qué se está interponiendo entre Dios y yo?".

LOS LADRILLOS DE LA INTIMIDAD ESPIRITUAL

Estructura espontánea —suena como un oxímoron, ¿verdad?— como un camarón gigante. Pero conocer a Dios implica tanto espontaneidad como estructura. Llegar a ser como Cristo no es un programa ni un método; se trata de una relación con Dios. No se trata de tiempo con Dios, aunque eso es muy importante, sino de una relación con Él.

Muchas veces queremos un programa fácil de doce pasos para ayudarnos a ser más espirituales. ¡Cuántas veces lo hemos intentado! Sonrío cuando pienso en todas las cosas diferentes que hemos hecho para conocer a Dios: devocionarios, libros, Biblia en un año, etc. Creo que a veces trabajamos demasiado, o sentimos la necesidad de hacerlo, para conocer a Dios. Pero necesitamos recordar que Dios quiere conocernos a nosotros. De hecho, Él nos persigue; y eso es lo que la frase "estructura espontánea" abarca.

La espontaneidad abarca aquellos momentos no planeados, aquellos momentos especiales en su vida en los que Dios sencillamente se muestra. Mi esposo, Tim, recuerda un momento especial que pasó siendo niño. Puede recordar muchas mañanas de domingo tumbado en la cama y escuchando a su mamá practicar en el piano para tocar en la iglesia aquel día. Ella practicaba aquellos viejos y familiares himnos. Él me dijo: "Para mí aquel era un tiempo especial y lleno de significado, al reflexionar en Dios a la vez que la escuchaba tocar y cantar aquellas viejas canciones. Ella no se limitaba a cantarlas; las creía". Aquel fue un momento especial que no fue planeado; fue un momento no planeado que Dios le dio.

Yo paso mucho tiempo en el auto haciendo recados o llevando a los niños a la escuela o a otras actividades. Durante el tiempo que paso conduciendo, normalmente pongo la radio; en ocasiones, un anuncio o alguna canción especial me hace recordar mi necesidad de Dios. En otros momentos me hace recordar a Tim. Entonces detengo el auto y oro para que Dios esté cerca de él a medida que él ministra a muchas personas. Esos son momentos especiales que Dios trae a mi vida. Pero muchas veces estamos preocupadas y nos perdemos esos momentos especiales. Las personas que pisan a fondo el acelerador están abocados a ser pecaminosas. Nos perdemos ver la obra de Dios pero, maravillosamente, tenemos a Alguien que nos persigue cueste lo que cueste —dolor, belleza o rebelión— para ganar nuestros corazones. Es un gran Dios. Comience a buscar a Dios alrededor de usted. Puede que quede sorprendida de lo ocupado que Él está, en especial en su vida y en su matrimonio.

Además de los momentos espontáneos debemos centrarnos en los momentos estructurados: esos tiempos planeados y los esfuerzos deliberados que forman una vida disciplinada y espiritual. Esto incluye leer la Biblia, estudiarla, alabar y adorar, asistir a la iglesia, ayunar, y muchas otras cosas. En su libro *Celebration of Discipline* (La celebración de la disciplina), Richard Foster afirma: "Nosotros muchas veces creemos que todo tiene que estar perfecto o sencillamente correcto en nuestras vidas antes de poder comenzar una vida espiritual con el Señor. Nunca estaremos en ese punto, ¿no es cierto? Lo que tenemos que hacer, pues —dice—, es orar, necesitamos acudir a Dios a pesar de todo". Probablemente el lugar más fácil para comenzar una vida espiritual estructurada sea enfocarse en la oración. Aparte un lugar y tiempo para Dios cada día. Él se encontrará con usted, y le prometo que su copa rebosará de gozo y amor.

LAS BENDICIONES DE LA INTIMIDAD ESPIRITUAL

Andrew Greely, autor de *Faithful Attraction* (Atracción fiel), descubrió que las parejas que oran juntas, consiguen un mejor resultado en todos los aspectos referentes a su felicidad marital. Esto es lo que algunas de las mujeres de la serie Mujeres Extraordinarias han compartido conmigo sobre lo que significa la intimidad espiritual para ellas en sus matrimonios.

Cuando mi esposo y yo salimos al trabajo misionero, la tarea de mi esposo era la de establecer esa misión en todo el mundo y, por tanto, estaba de viaje durante meses y meses. Un año estuvo ausente durante diez meses. Yo era una joven mamá educando a tres hijos, por lo que la oración era lo que nos mantenía unidos. Él solía llamarme desde Australia, que estaba literalmente al otro lado del mundo, y me decía: "Te extraño, cariño". Y yo decía. "Ya sé que me extrañas". Aunque estábamos separados, estábamos juntos mediante la oración. Yo podía ir a cualquier parte sobre mis rodillas, y él también. Así que estábamos el uno con el otro, y la oración era básicamente nuestro sustento. (Jill Briscoe)

Me siento muy sostenida porque sé que Mark ora por mí. Espero que él se sienta sostenido sabiendo que yo oro por él. Para mí es una profunda bendición saber que hoy Mark está orando por mí. Anoche, cuando nos despedimos, él dijo: "Estoy orando por ti". Mi corazón remontó el vuelo. Espero haber enriquecido su vida de esa manera también. Yo probablemente no haya hecho eso tan bien como siento que él lo está haciendo por mí, pero crea una unidad muy poderosa". (Lisa McMinn)

> *El orar juntos creará una intimidad espiritual en su matrimonio que producirá otras bendiciones.*

La oración ha jugado un papel tremendo como base de nuestra relación, en especial desde que vinimos a la fe en Cristo. Como resultado, vimos un cambio espectacular sencillamente en nuestra capacidad de comunicarnos el uno con el otro. Yo creo que la oración es la clave para tener un matrimonio enriquecido, para hacer que tu matrimonio avance y para poder crecer juntos espiritualmente. (CLAUDIA ARP)

He orado por mi esposo, Garth, a lo largo de los años y sé que él ha orado por mí. Cada vez que voy a hablar a algún lugar, las últimas palabras que le digo cuando le doy un beso de despedida son: "Asegúrate de orar por mí". Y él dice: "Muy bien, ¿a qué hora vas a hablar?". Eso me da mucha seguridad y es una manera poderosa de decir: te amo. (SANDRA D. WILSON)

Mi esposo Gary y yo experimentamos un cambio radical en nuestras vidas y en nuestro matrimonio cuando comenzamos a tomarnos muy en serio la intimidad con Cristo. La intimidad espiritual causa una gran diferencia en tu relación. Es más que simplemente intentar aplicar algunas técnicas y algunas herramientas para hacer que tu relación funcione; permite a Dios proporcionar lo que necesitamos para hacer que funcione. En ese proceso de crecer espiritualmente, como tomarnos tiempo para orar juntos, observé que Gary se volvía mucho más determinado a tomarse tiempo sencillamente para hablar conmigo, lo cual es muy importante para mí. El acercarte más a Dios hace que te acerques más el uno al otro. (CARRIE OLIVER)

Es importante apartar un poco de tiempo, como cinco minutos al día, para encontrarte con Dios sin ningún plan, sin tu Biblia, sin tus herramientas de oración; sin nada. Necesitas sencillamente sentarte delante del Señor. Sentarte en quietud hasta que tu enfoque se gire hacia Él y comiences a sentir su gracia. Dios quiere decirte cosas y tú necesitas decirle cosas a Él que nada tienen que ver con tu familia, o con tu esposo, o con tu ministerio. Dios está esperando a que nosotras esperemos. Cuando finalmente nos disponemos a acudir, entonces vemos que tenemos compañía. Y eso, para mí, es mi tiempo más precioso; ese tiempo de espera. (JILL BRISCOE)

Algunas mujeres tienen esposos que las apoyan y que realmente están listos para orar juntos, pero otras no los tienen. Si tu esposo no está ahí todavía, puedes comenzar orando por él, o empieza a escribir un diario de oración. Durante años yo he escrito un diario de oración; simplemente apunto mis peticiones de oración y después escribo las respuestas. Esto me ha ayudado de muchas maneras a orar y a sentirme más cerca tanto de Dios como de Dave. Cuando tu esposo esté listo para orar contigo, pueden empezar en distintos niveles. Pueden hacer juntos una lista y orar por turnos por lo que hay en la lista. O si aún no han llegado a ese punto, pueden seguir el modelo más rápido y compartir una oración en silencio juntos. Y, desde luego, la tradición dice que tú terminas esa oración silenciosa con un beso santo. (CLAUDIA ARP)

CONSEJOS PRÁCTICOS

Estas son algunas ideas para mantener su enfoque.

1. *Mantenga el propósito clave guardado en su corazón.* La intimidad espiritual se trata de conocer y buscar a Dios: juntos.

2. *Comience.* Vuelva a la iglesia. Vuelva a leer la Biblia, a escuchar música cristiana, a orar, y mucho más. Dios quiere pasar tiempo íntimo con usted. Acérquese a Dios con un espíritu de expectativa, al igual que nuestros hijos se acercan a nosotros. Ellos no se preocupan por la comida o la ropa; ellos saben que los amamos y que les daremos todo lo que necesitan. De igual manera, Dios nos ama, y Él quiere que vayamos a Él creyendo que Él suplirá nuestras necesidades. Si está usted cansada de intentarlo o simplemente agotada, recuerde Filipenses 4:13, que dice: "Todo lo puedo en Cristo que me fortalece".

3. *No se prepare para el fracaso.* No espere leer todo un libro de la Biblia la primera noche en que hacen un devocional como pareja. Si su esposo nunca ha orado con usted antes, no espere que ore durante treinta minutos. Establezca metas a corto plazo y utilice la variedad. Si nunca han orado juntos como pareja, quizá puedan comenzar con orar en silencio en la misma habitación, y quizá, más tarde, podrían intercambiarse peticiones de

oración y tomar turnos para orar, quizá usando un formato de frase a frase. Después de un tiempo serán capaces de compartir un tiempo de oración profundo y significativo. Unos cuantos momentos en un matrimonio son tan poderosos como orar por el otro y el uno con el otro.

4. *No sea crítica sobre lo que esté ocurriendo en su vida espiritual juntos como pareja.* Nada debilitará la fuerza de su esfuerzo de manera más rápida.

5. *Más importante aún, no tire la toalla.* Santiago 4:8 nos recuerda que cuando nos acercamos a Dios, Él se acercará a nosotros. No permita que las distracciones o el desánimo le roben el estar en su presencia.

MÁS BENDICIONES

Una bendición es que nuestra conversación y nuestros pensamientos comienzan a cambiar. Muchas veces nuestra conversación con nuestro cónyuge es muy superficial. Sencillamente es difícil relacionarse como individuo en este mundo que va a un ritmo tan rápido, pero si usted pasa tiempo con Dios, le garantizo que sus pensamientos y su conversación cambiarán y harán que su intimidad sea más profunda. Recuerde que intimidad significa: *mira dentro de mí.* Cuando ponga a Dios en el centro de su matrimonio, eso hará que ambos no estén centrados en ustedes mismos.

Me gusta la ilustración del triángulo matrimonial, con Dios en la parte superior, el esposo a un lado y la esposa en el otro lado. A medida que ambos desarrollen más su amor por el Señor, también desarrollarán su amor el uno por el otro, y serán más uno en su matrimonio.

Otra bendición de la intimidad espiritual es que aumenta nuestra capacidad de relacionarnos. A medida que usted crece en Cristo, desarrolla más valores compartidos, direcciones compartidas y metas compartidas: llegan a ser de una misma mente. Cuando leen juntos la Palabra de Dios, aprenden las formas que Dios tiene de manejar los problemas y las barreras que se interponen en el camino de ustedes; y desarrollan un sentido más fuerte y vivo de su voluntad para su vida y su matrimonio.

Cuando comienzan a darse cuenta de cuán seriamente se toma Dios el matrimonio y cómo desea bendecirlo, creo que eso hace cimentar los corazones de ambos de manera que pueden llegar hasta el final. Aun en los momentos difíciles, sabrán que Él va delante de ustedes.

En último lugar, la intimidad espiritual es una manera estupenda de expresar amor. Cuando yo sé que Tim está buscando el rostro de Dios y está dedicado a amarme e incluso a preocuparse por mi propio crecimiento espiritual y el de los dos como pareja, eso me da seguridad y es, para mí, la más profunda expresión de su amor. Eso me desafía a amar de la misma manera.

PENSAMIENTOS FINALES:

En *The Soul Care Bible* (La Biblia que cuida el alma), Larri Crabb escribió un artículo acerca de conocer a Dios en el que afirma:

Dios nos invita... a encontrarlo, y Él nos permite saber que en el proceso de encontrarlo a Él también nos encontraremos a nosotros mismos. Hasta que seamos conmovidos a conocerlo con una pasión que no encontremos en ningún otro lugar, no utilizaremos las luchas de la vida como un impulso para conocer a Dios. Hasta que nuestra pasión por hallar a Dios sea más profunda que cualquier otra pasión, organizaremos nuestras vidas según nuestros propios gustos, y no según los de Dios. Dios sabe todo acerca de nosotros, todo acerca de usted, todo acerca de su cónyuge. Él está al tanto de nuestras luchas, y anhela que le conozcamos a través de su Hijo, Jesucristo. Él es la respuesta a nuestros problemas. Creer en Cristo es fe; esperar en Él es esperanza; servirlo a Él es amor. Eso es lo que significa hallar a Dios. Es una pasión confiar en un Salvador soberano que revelará al Padre en respuesta a la fe en Él.

Mi oración por usted es que Dios ponga el deseo, el anhelo dentro de usted de perseguir la intimidad espiritual como nunca antes la había perseguido. Es de esperar que, como mujer y como pareja, pueda decir con el apóstol Pablo: "He peleado la buena batalla, he acabado la carrera, he guardado la fe" (1 Timoteo 4:7). Que Dios la bendiga abundantemente en su viaje de fe.

ACERCA DE LA AUTORA

Julie Clinton es directora y presentadora de la serie de vídeo Extraordinary Women (Mujeres extraordinarias) y coautora de *The Marriage You've Always Wanted* (El matrimonio que usted siempre quiso). Es la anterior directora de Liberty Godparent Home y la escuela primaria en Lynchburg Christian Academy. Es licenciada en Ciencias por la Liberty University, posee una maestría en Artes por el Lynchburg College y una maestría en Administración por la Liberty University.

VERSÍCULOS QUE INSPIRAN

"Acercaos a Dios, y él se acercará a vosotros" (Santiago 4:8).

"[Dios] no está lejos de cada uno de nosotros" (Hechos 17:27).

"Gozosos en la esperanza; sufridos en la tribulación; constantes en la oración" (Romanos 12:12).

"Con sabiduría se edificará la casa, y con prudencia se afirmará; y con ciencia se llenarán las cámaras de todo bien preciado y agradable" (Proverbios 24:3-4).

Satisfacción sexual
en el matrimonio

∿

Joyce Penner

Mi amado es mío y yo soy suya. Su bandera sobre mí es amor.
Su presencia me sostiene y me refresca. Estoy enferma de amor.
Su mano izquierda está bajo mi cabeza, y su derecha me abraza.
Él es todo lo que siempre había soñado, y mucho más.
Adaptación del Cantar de los Cantares

Cuando yo era una muchacha joven, siempre tenía entusiasmo e
ilusión por conocer a Dios y comprender su Palabra y su voluntad para mi vida. Después de casarme, sentía curiosidad en especial acerca de cuáles eran las intenciones de Dios en mi relación
sexual con mi esposo. Ya que fui educada en un hogar menonita

45

y en una comunidad donde la sexualidad sencillamente no era un tema de discusión, yo no estaba segura del placer que estábamos disfrutando el uno con el otro. Por tanto, mi esposo y yo estudiamos las Escrituras para intentar comprender lo que la Biblia enseña sobre el sexo. Resultó ser una experiencia maravillosa durante aquel primer año de nuestro matrimonio. Descubrimos que Dios ciertamente nos afirma como personas sexuales y quiere que nos deleitemos sexualmente el uno en el otro dentro del matrimonio.

Fue doce años más tarde que comenzamos a escribir y a enseñar sobre la sexualidad desde una perspectiva cristiana. Ahora, después de más de veinticinco años de aconsejar a otras personas, hemos recibido cientos de preguntas de parejas que buscan una perspectiva del diseño de Dios acerca de la relación sexual dentro del matrimonio: cómo funciona, asuntos que les preocupan y ayuda que necesitan. Permítame compartir dos mensajes de correo electrónico que recibí recientemente. Una mujer escribe: "Después de que naciese nuestra hija, hace ahora un año, yo no estaba interesada en el sexo, pero eso no me importaba. Estaba segura que con el paso del tiempo, las cosas mejorarían. Ahora han pasado doce meses y, si algo ha ocurrido, es que las cosas han empeorado. Antes del nacimiento de nuestra hija, mi esposo y yo éramos sexualmente activos. ¿Puede decirme cómo aumentar mi deseo por el sexo? Yo amo mucho a mi esposo, y odio que estemos experimentando estos problemas". Y una mujer más adulta escribe: "Sencillamente no soy capaz de recordar una ocasión en la que experimentase un deseo físico por las relaciones sexuales. Esto me está obsesionando siempre. Hace años decidí simplemente dejarlo como estaba, que yo no era normal y que nunca lo sería. ¿Es demasiado tarde para mí?".

El apóstol Pablo tuvo que enfrentarse con preguntas parecidas cuando los creyentes le preguntaron: "¿Es bueno tener relaciones sexuales?". Claro que sí —responde él—, pero solo dentro de un contexto específico. Es bueno que un hombre tenga esposa y que una mujer tenga esposo. Los impulsos sexuales son fuertes, pero el matrimonio es lo bastante fuerte para contenerlos y proporcionar una vida equilibrada y satisfactoria en medio de un mundo de desorden sexual".

El apóstol Pablo no sólo se estaba dirigiendo a hombres en ese texto. Él asume que los impulsos sexuales son fuertes tanto para hombres como para mujeres. Sin embargo, hay muchas mujeres que sienten deseo sexual; muchas otras no están viendo satisfechos sus deseos sexuales, ni tampoco están experimentando una relación sexual satisfactoria con su esposo. La pregunta que debemos hacer es: ¿Cómo pueden las mujeres aceptar su sexualidad dada por Dios? Para tener algo de perspectiva, leamos el Cantar de los Cantares de Salomón, donde la esposa de Salomón habla explícitamente acerca de su deseo por su esposo.

Salomón afirma a su esposa y conecta con ella. Como respuesta a la adoración que él siente por ella, su esposa hace una invitación a la actividad amorosa íntima: "¡Oh, si él me besara con besos de su boca! Porque mejores son tus amores que el vino... Por las noches busqué en mi lecho al que ama mi alma... Ven, oh amado mío, salgamos al campo, moremos en las aldeas. Levantémonos de mañana a las viñas; veamos si brotan las vides, si están en cierne, si han florecido los granados; allí te daré mis amores"

Cantares 1:2; 3:1; 7:11-12). Esto nos habla del placer que podemos obtener como mujeres piadosas y sexuales, y no por un sentimiento de obligación sino porque nos sentimos amadas y deseadas por quiénes somos.

A través de nuestra experiencia de enseñar una perspectiva bíblica de la sexualidad, al igual que por mantener una consulta privada como terapeutas sexuales, mi esposo y yo estamos convencidos de que la intención de Dios para nosotros es el contentamiento y la contención sexual mientras se es soltero, y la satisfacción y el disfrute sexual dentro del matrimonio. Mi pasión es ayudarle a descubrir quién es usted como persona sexual y a hallar y aceptar la vitalidad que el sexo proporciona a todos los aspectos de la vida.

Aunque este capítulo se ocupa de usted como mujer que acepta su sexualidad, nuestro libro *Men and Sex* (Los hombres y el sexo) ayudará a su esposo a comprender cuál es su parte para hacer posible el papel de usted amándola como Cristo ama a la Iglesia. Efesios 5:25-28 nos enseña cuál es la expectativa de Dios para el hombre casado en su relación sexual con su esposa. El apóstol Pablo instruye a los esposos a ser totalmente expresivos en su amor por sus esposas, igual que Cristo hizo por la Iglesia: un amor marcado por el dar, no por el recibir. ¿Y cómo amó Cristo a la Iglesia? Leamos Filipenses 2:5-8: Él renunció a sus derechos. Y de igual forma, los hombres algunas veces tienen que renunciar a sus derechos sexuales. Dice: "Piensen de ustedes mismos de la manera en que Cristo pensaba de sí mismo. Cuando llegó el momento, Él hizo a un lado sus privilegios. Se hizo semejante a nosotros para así conocernos". El papel del esposo es comprender exactamente el punto en que está su esposa, emocional y espiritualmente, antes de pasar al terreno sexual. Cristo nos amó antes de que nosotros le respondiéramos. La esposa debe experimentar el amor incondicional de su esposo y su atención para poder así entregarse con libertad a él.

Ya sea que consideremos el papel del esposo o el de la esposa, la enseñanza bíblica —como pareja— en cuanto al sexo dentro del matrimonio es el concepto de la mutualidad. Dicho con palabras sencillas, este concepto significa que ambos individuos se unen para compartirse el uno con el otro con libertad, disfrutando del placer del cuerpo del otro, pero nunca a expensas del otro. Cuando esto ocurre tal como Dios quiere, inevitablemente se produce una mutualidad. El capítulo 7 de 1 Corintios nos dice que el lecho matrimonial es un lugar de mutualidad: el esposo busca satisfacer a su esposa y la esposa busca satisfacer a su esposo. Cuando escogemos comprometernos con otra persona en matrimonio, hemos decidido entregarnos a nuestro cónyuge tanto en la cama como fuera de ella. El matrimonio no es el lugar para reclamar nuestros derechos.

EL PAPEL DE LA MUJER EN EL SEXO DENTRO DEL MATRIMONIO

Disfrutar del Sexo

El papel de la mujer en el sexo dentro del matrimonio es conocerse sexualmente a sí misma y compartirse a sí misma con su esposo.

Para hacer eso, debe ser capaz de disfrutar del sexo, de escuchar a su cuerpo, de dirigir mediante la invitación y de sanar de las heridas del pasado o del presente.

¿Cuáles son algunas de las maneras en que podemos aumentar nuestra capacidad para disfrutar del sexo?

1. *Desechar expectativas poco realistas.* El sexo no va a ser lo que vemos en los medios de comunicación o leemos en las novelas románticas. En su lugar, mire a personas reales en su vida que compartan lo que a ellas les ha producido satisfacción. Infórmese acerca de la manera en que usted y su cuerpo funcionan sexualmente hablando.

2. *Aprender a recibir cumplidos, placer corporal y estimulación sexual.* La capacidad que cada una tenga de hacer esto depende de la manera en que se sienta acerca de sí misma. Las mujeres que tienen una baja autoestima tienen dificultad en aceptar placeres en general y, como consecuencia, lo pasan peor para disfrutar del sexo.

3. *Aceptar su cuerpo.* Si no lo hace, será muy difícil para usted compartir su cuerpo con su esposo. Para aumentar su comodidad con la manera en que se ve, elimine los ideales poco realistas y enfóquese en lo que le ayudaría a sentirse bien con su cuerpo. No hay nada de malo en establecer una norma para usted misma; puede que requiera una variedad de disciplinas, como hacer ejercicio, vigilar lo que come, hacerse la pedicura ocasionalmente o mantener su peinado en manos de profesionales. La manera en que se cuida a usted misma produce un gran impacto en la manera en que se siente acerca de usted misma.

4. *Permitir intimidad con su esposo*. La intimidad sugiere vulnerabilidad. Ser amada por quién es usted requiere una total apertura con su esposo, en particular cuando se unen sexualmente. Algunas mujeres tienen dificultades con este tipo de acercamiento emocional y físico porque temen perder su sentido de individualidad. El temor a la intimidad está generalmente relacionado con el temor al abandono. Quizá usted luche con esos asuntos desde la niñez, cuando las circunstancias impidieron que sus padres estuviesen a su lado cuando los necesitaba. La intimidad es una unión, una conexión con otra persona; no está basada en el encaprichamiento o la atracción. La intimidad se hace más clara cuando la novedad de una relación evoluciona y da paso a una unión profunda que le llevará a través de su vida matrimonial.

> *La intimidad se hace más clara cuando la novedad de una relación evoluciona y da paso a una unión profunda que le llevará a través de su vida matrimonial.*

5. *Disfrutar de la novedad*. También es importante un cierto sentido de libertad para que usted sienta placer en una relación sexual. Sea flexible, esté dispuesta a experimentar e intente cosas nuevas. La novedad crea emoción, y la flexibilidad fomenta la libertad. Dése permiso a usted misma para experimentar en el toque a su pareja al igual que para permitir que él explore el cuerpo de usted.

6. *Afirmar su sexualidad*. Usted es un ser sexual, y fue diseñada por Dios de esta forma. Entre los cinco y diez primeros minutos después del nacimiento, un niño pasa por su primera respuesta sexual en términos de excitación. Las niñas lubrican vaginalmente dentro de las primeras veinticuatro horas después del nacimiento. Y esas respuestas continúan de forma automática e involuntaria a lo largo de toda la vida. Al igual que su cuerpo digiere los alimentos, su corazón palpita y sus pulmones respiran, su sexualidad es automática. Su cuerpo fue creado tanto para recibir como para transmitir estimulación sexual. Si las mujeres piensan en sí mismas como en los recipientes de la agresión sexual de sus esposos, están rechazando la intención de Dios para ellas. Usted fue creada tanto para recibir como para transmitir placer sexual.

A propósito, ¿sabía usted que las mujeres que disfrutan del sexo también pueden decir *no*? No podemos decir libremente sí al sexo a menos que también podamos decir no. De esta forma, nuestra relación sexual es similar a nuestra relación con Dios. Cristo se sacrificó a sí mismo por nosotros y lo único que pidió es que le aceptemos como nuestro Señor y Salvador. Pero Él nunca nos obliga a tenerlo en nuestra vida; tenemos la libertad de escoger. Y eso tiene que ser cierto en la relación sexual entre usted y su esposo. Para entregarse sexualmente con libertad, usted debe ser libre para elegir.

7. *Aprender a soltarse.* Las mujeres que disfrutan del sexo aprenden a quedar atrapadas en el momento, a experimentar la libertad de estar fuera de control, y a deleitarse en el éxtasis de un orgasmo. Para poder lograrlo, usted puede que necesite soltar alguna cosa en su relación con su esposo que pudiera ser un estorbo para la intimidad, como por ejemplo los asuntos sin resolver o

la falta de perdón. Si se lleva los asuntos personales contra su esposo a la cama junto con usted, la capacidad de soltarse y disfrutar del sexo se ve obstaculizada por sus pensamientos y sentimientos negativos.

Para disfrutar, pues, del sexo y experimentar un matrimonio apasionado, una mujer necesita creer que es digna de la atención de su esposo y que ella tiene el derecho de ser intensamente sexual. Tiene que ser capaz de afirmar su sexualidad, la sexualidad de su esposo, el deleite de su esposo en la sexualidad de ella y su disfrute de la sexualidad de él. El sexo debe ser tan bueno para ella como lo es para él, si se quiere que sea satisfactorio durante la vida de un matrimonio. El mejor regalo que una mujer puede hacerse a sí misma y a su esposo es un gozo profundo y real en sus momentos de sexualidad como pareja.

Escuchar a su cuerpo

Para cumplir su papel en el sexo dentro del matrimonio, usted necesita no solo disfrutar del sexo sino también escuchar a su cuerpo. El buen sexo no ocurre así como así, pero podemos hacer que ocurra escuchando a nuestros cuerpos. Ponga atención a su cuerpo durante sus actividades diarias, y tome nota de los deseos momentáneos que vienen y van a lo largo del día. Escuche durante la relación sexual, cuando usted y su esposo estén dándose placer el uno al otro. ¿Qué le hace sentir bien? ¿Qué tipo de toque le gusta? ¿Cómo le gusta que le besen? Recójalo y absórbalo. Disfrute de esas sensaciones al ser tocada, y escuche lo que su cuerpo dice. Ambas partes ganan cuando la mujer escucha a su cuerpo y busca lo que necesita, mientras que el hombre escucha y responde a los deseos de ella.

Dirigir mediante la invitación

Una vez que haya aprendido a escuchar a su cuerpo y a disfrutar del sexo, podrá dirigir mediante la invitación. El ejemplo del Cantar de los Cantares de Salomón, al igual que otras instrucciones por toda la Escritura, demuestra que el esposo adora mientras su esposa invita. Este escenario funciona porque la expresión que una mujer hace de su sexualidad generalmente es atractiva para el hombre, mientras que la expresión que hace el hombre de conexión y afirmación generalmente es atractiva para la mujer.

Para que usted dirija con su sexualidad, tiene que conocer su cuerpo y compartir su conocimiento con su esposo. Con la ayuda de él, usted puede descubrir lo que le causa placer. Usted tiene que prestar atención y tomar la responsabilidad de las fluctuaciones hormonales que le afectan durante el mes y a lo largo de las diferentes etapas de la vida. Por ejemplo, los primeros años de matrimonio son diferentes a llevar cinco años casados y con hijos. El embarazo es un cambio que afecta a sus hormonas; a medida que avanza hacia la menopausia, su cuerpo vuelve a cambiar. Estar atenta a lo que su cuerpo necesita en la actualidad y a los cambios es clave para poder dirigir con su sexualidad y comunicar lo que le produce placer.

La creencia que dice: "Si él me amase, realmente lo sabría" no funciona. Es como sentir comezón en la espalda. Si le pedimos a él que nos rasque, tenemos que explicar en qué punto exactamente pues si no, él no sabrá dónde. Eso también es cierto respecto al conocimiento del cuerpo y los deseos sexuales. El sexo nunca será estupendo si usted espera que él automáticamente sepa cómo, dónde y cuándo quiere ser tocada.

Para dirigir, usted también debe conocer y comunicar sus condiciones para un sexo satisfactorio. ¿Qué hace que el sexo sea bueno para usted? ¿Necesita estar descansada? ¿Necesita sentir una conexión especial entre su esposo y usted? ¿Qué momentos le han producido el mayor gozo? ¿Cuáles fueron las condiciones que contribuyeron a lo exclusivo de esas experiencias? Comunicar esas condiciones no solo hará que el sexo sea mejor para usted, sino también para su esposo. Su esposo no puede conocer y suplir sus complejas y diversas necesidades sexuales a menos que usted le dirija.

La verdad es que somos sexualmente más complejas que los hombres, tanto en nuestros órganos sexuales como en las respuestas de nuestro cuerpo. Las fluctuaciones se producen debido a nuestros cambios hormonales. Nuestras respuestas corporales son físicamente más complejas, y funcionamos sexualmente en dos pistas: la emocional y la física. Las dos deben estar sincronizadas para que podamos abrirnos sexualmente. La buena noticia en todo esto es que nuestra feminidad, tan compleja y cambiante, combinada con la previsibilidad de nuestro esposo, puede ser utilizada para mantener vivo el sexo dentro del matrimonio durante toda una vida.

Sanidad de heridas del pasado o del presente

Sin embargo, para disfrutar del sexo, escuchar a su cuerpo y dirigir mediante la invitación, usted debe primeramente sanar del abuso del pasado o del presente. Si abusaron de usted sexualmente o físicamente en la niñez, si experimentó traumas en la adolescencia o la juventud, si fue educada en un hogar con alcoholismo o está dentro de una relación de abuso en el presente, es imperativo que se tome el tiempo para sanar esas heridas. Puede que necesite la ayuda de un consejero cristiano, un grupo de recuperación, un mentor o una buena amiga que esté a su lado y le acompañe a través de esas heridas que resurgirán, para avanzar más allá y superarlas. La realidad es que la sanidad llevará tiempo y esfuerzo.

CUANDO EL SEXO NO FUNCIONA

Él quiere sexo; usted no. ¿Y ahora qué?

¿Qué hace usted si él quiere sexo pero usted no? Si es usted como las mujeres que nos escriben que no tienen interés por el sexo, hágase unas cuantas preguntas.

1. *¿Se está consumiendo toda su energía en algún otro lugar?* Su energía sexual y su impulso para alcanzar cosas provienen de la misma fuente. Si usted la está utilizando toda con sus hijos, con un trabajo, o con las presiones de la vida, puede que no le quede nada para su relación sexual.

Las mujeres con hijos pequeños caen agotadas a la cama por las noches. Usted y su esposo deberían sentarse y hablar acerca de ello. Echarme la siesta diariamente se convirtió en rutina para mí después de que naciese nuestra primera hija, y ha sido una parte importante de mi vida desde entonces. Programo un despertador para que suene pasados treinta minutos, aunque a menudo me despierto antes, pero tomar ese descanso es muy importante para darme nueva vitalidad; y no es algo egoísta tomar ese tiempo para usted misma. Considérelo como una inversión en su matrimonio. Otra manera de recuperar energías puede ser haciendo que alguna persona vaya a su casa y se ocupe de los niños durante un rato cada día. Quizá una vecina pueda jugar en la calle con sus hijos mientras que usted se toma un descanso. Sumérjase en la bañera con un buen libro, salga a pasear, vaya a la peluquería o vaya a la biblioteca, pero haga algo para refrescar su energía.

2. *¿Practica sexo por obligación?* Las mujeres que anhelaban el sexo cuando se casaron y que con el tiempo se encuentran presionadas por sus esposos cada vez más a practicarlo, perderán el interés rápidamente. Las demandas de él ahogan el deseo de ella. Si el estado de ánimo de su esposo o su sentido de valía dependen del interés que usted tenga en él sexualmente, eso hará estragos en la relación. Con el tiempo, el deseo sexual de usted disminuirá hasta no quedar sino amargura y resentimiento. Usted se sentirá inadecuada porque lo que da no es nunca suficiente; y nunca será suficiente porque el sexo no es la cuestión. El sexo no se trata de que usted mantenga feliz a su esposo; el sexo se trata de compartirse a usted misma de forma libre y abierta,

y de entregarse el uno al otro para experimentar un deleite mutuo en el hecho de estar juntos. Alimentarse sexualmente por la fuerza dentro del matrimonio conduce a la anorexia sexual.

3. *¿Están desequilibradas sus hormonas?* Si está usted acercándose a la menopausia, no se sorprenda si su impulso sexual ha disminuido. Sin embargo, puede que aun las mujeres jóvenes sientan falta de deseo debido al desequilibrio hormonal. Cuando el nivel de testosterona disminuye, lo mismo le ocurre al deseo sexual. Todo el esfuerzo del mundo no dará resultado si sus hormonas están desequilibradas. Lo mejor que puede hacer es acudir a su médico y pedirle un análisis de hormonas, incluyendo el nivel de testosterona.

Todas las mujeres tienen tres hormonas: estrógenos, progesterona y testosterona. Un análisis hormonal revelará cualquier deficiencia en nuestros niveles de hormonas. Yo pienso en los estrógenos como "la hormona feliz"; nos mantiene contentas y vivas con un sentimiento de bienestar. La progesterona es nuestra "hormona de la relajación", y la testosterona es nuestra "hormona del impulso". A menudo pensamos en la testosterona como la hormona masculina, pero también las mujeres la necesitan. Si su nivel de testosterona es bajo, usted no tendrá energía, y puede que incluso tenga luchas con la depresión. Eso puede corregirse utilizando una crema con testosterona, pero su médico tendrá que ayudarle en este tipo de decisiones.

4. *¿Está usted esperando los sentimientos fuertes?* ¿Está usted buscando los sentimientos de novedad y atracción en lugar de la profunda cercanía? Deténgase y piense en qué fue lo que le atrajo a su esposo cuando se conocieron, y reflexione en aquellos

momentos que los unieron. La atracción inicial debe pasar a convertirse en una cercanía o intimidad a largo plazo. El cambio se produce en cualquier momento, desde los seis meses hasta los treinta meses después de haber comenzado una relación sexual o haberse casado. Si no hace usted ese cambio, puede que sienta que ya no ama a su esposo o que ya no se siente atraída hacia él. Cuando confunde el cambio en los sentimientos con el amor, puede que experimente desesperanza; en su lugar, consiga ayuda para descubrir un nuevo tipo de pasión basada en la conexión íntima y a largo plazo.

En realidad, no tiene usted que experimentar deseo para iniciar el sexo; de hecho, puede contrarrestar el desinterés sexual eligiendo conscientemente practicar sexo. Está bien hacer el amor con su esposo cuando él lo desea, mientras que usted no esté en contra. Cuando usted no está dispuesta, esos son momentos para disfrutar sencillamente del toque y la cercanía sin necesidad de pasar a la estimulación sexual o al acto sexual mismo.

Usted quiere y él no

Contrariamente a la creencia popular, los hombres no siempre están "dispuestos" para el sexo. Las mujeres y los hombres tienden a pensar que todos los hombres quieren el sexo todo el tiempo. Si su esposo no quiere practicar sexo, puede que usted se sienta mal consigo misma y piense que no es atractiva para él. Comparta con él esos sentimientos, pero no le culpe ni se queje. La queja nunca dará como resultado más sexo; al contrario, dispóngase para tocarlo. Frótele los hombros, los brazos y las piernas; disfrute del placer de su cuerpo sin ninguna presión para que él responda. Deje que su esposo sepa cuándo quiere usted practicar sexo; pero eso es como un tipo de juego al que jugamos. Si usted es la parte interesada, tome la responsabilidad de perseguirlo; inícielo físicamente en lugar de verbalmente, a menos que eso no dé resultado en su situación.

Su pasado tiene el control

Cuando su pasado afecta su relación sexual presente, puede causar destrucción; y cuando su pasado le controla, puede manifestarse de diferentes maneras. Si fue usted educada en un hogar con alcoholismo, puede que se sienta confundida acerca del sexo. Debido a que sus padres no controlaban la situación, usted interiorizó la necesidad de controlar; y en el presente, durante un encuentro sexual, cuando se siente usted fuera de control se pone muy incómoda. Debe reconocer su necesidad de controlar y hacer que funcione a su favor y no en su contra. Planifique sus momentos sexuales; tome el control de forma positiva.

Las mujeres que sufrieron abuso sexual en la niñez podrían experimentar una escena retrospectiva durante el acto sexual como adultas que fuese similar a su trauma de la niñez. Puede que solamente sea un simple toque o una palabra lo que le haga regresar a aquella horrible experiencia. Hay varias formas de contrarrestarlo. En primer lugar, hable sobre ello fuera del dormitorio, y acuerde con su esposo una señal para indicarle cuándo está pasando usted por una reacción incómoda. Los hombres casados con mujeres que han sufrido abuso sexual necesitan que Dios les dé paciencia y comprensión, al igual que una disponibilidad para ayudar a sus esposas a atravesar ese tipo de dificultades. Cuando experimente usted escenas retrospectivas, intente seguir conectada con su esposo; mantenga el contacto visual con él y recuérdese que él es la persona en quien usted confía, y no la que abusa de usted. Puede que le sea de ayuda hablar con él durante todo el acto sexual para mantenerse conectada al presente.

Si una mujer fue excitada en la niñez a través de fotografías o fantasías, puede que tenga dificultad para experimentar un orgasmo sin ellas. Generalmente esta conexión comienza cuando una muchacha descubre el alijo de pornografía de su papá o lee y responde a una novela romántica que contenga detalles sexuales explícitos. Ella se ve enganchada a esa fantasía o fotografía, y no puede responder sexualmente sin visualizarla. Animamos a las mujeres en esta situación a que continúen ocupadas activamente y hablen con su esposo de una nueva fantasía que sustituya a aquellas viejas fantasías. Cambie su fantasía por algo bueno, aun cuando sea algo un poco excitante, emocionante o distinto de la situación en sus encuentros sexuales. Por ejemplo, imagine a su esposo y a usted en una isla desierta o en una aventura exótica que no tenga ninguna conexión con aquellas viejas imágenes que causan su culpabilidad o conflicto.

Obviamente, si usted tuvo anteriores compañeros sexuales en su vida, puede que sea difícil para usted no compararlos con su esposo. Una vez más, recomendamos que "permanezca en el momento" con su pareja.

La ira, la vergüenza o la culpa han invadido el dormitorio

La ira no resuelta es a menudo el subproducto de una relación que está vacía de afecto fuera del dormitorio, con avances sexuales agresivos. Pero la ira de una mujer debe ser tratada antes de que pueda encontrar una intimidad satisfactoria con su esposo.

El sexo es doloroso

Hay algunas mujeres que evitan el sexo porque es físicamente doloroso para ellas. Ya que el sexo está diseñado para el placer, no debería permitirse que el dolor continuase. Hable con su médico e intente encontrar a alguien especializado en dispaeunia, o acto sexual doloroso. Le será de ayuda si puede identificar exactamente el punto del dolor y lo que activa el dolor durante el acto sexual. Por ejemplo, si la tensión muscular es un problema, necesitará utilizar algo (como una serie de dilatadores) para estirar ese músculo. Puede que necesite hacer ejercicios musculares que controlen la apertura de su vagina. Si aprende cómo contraer y relajar esos músculos, puede ganar control. Las técnicas de relajación pueden ser de ayuda, y la terapia física puede que sea necesaria en última instancia si usted no es capaz de aprender a relajar los músculos.

Si experimenta una sensación de escozor durante el acto sexual, un cambio de dieta puede causar diferencia. Evite el azúcar, la cafeína y los cítricos; identifique y evite cualquier alimento al que sea alérgica. Asegúrese de que su cuerpo esté en un sano equilibrio; un suplemento de vitaminas y minerales a menudo es útil.

Si experimenta un dolor profundo y punzante, pruebe a cambiar de posición durante el acto sexual. Lo que ocurre a veces es que el pene empuja contra el cuello del útero, y puede ser de ayuda cambiar el ángulo de entrada.

Si experimenta sequedad o irritación vaginal, la terapia de reposición de hormonas es la solución más útil. También hay formas naturales de incrementar la lubricación; por ejemplo, hay una pastilla que puede introducirse en la vagina llamada Vagifem, y puede pedirle a su médico que se la recete. Se introduce una vez al día durante dos semanas, y después cada dos semanas; generalmente quita cualquier irritación y sequedad vaginal.

No puede soltarse

Quizá usted disfrutó mucho del sexo en la primera parte de su matrimonio, pero no fue capaz de experimentar un orgasmo. Con el paso del tiempo, su interés en el sexo ha decaído. Cuando una mujer no puede llegar al clímax debido a la excitación, está próxima al orgasmo, pero entonces llega a un estancamiento y, finalmente, su deseo sexual llega a extinguirse. Para ayudar a soltar su cuerpo, puede practicar lo que llamamos "disparador sexual", como emitir sonidos, moverse, echar la cabeza hacia atrás, mover los dedos de los pies o cualquier otra cosa. Si exagera esos movimientos, puede disparar un orgasmo.

Además, evite el observarse a sí misma durante el acto sexual. El sexo no es un deporte para espectadores. Abandónese y sumérjase en el momento en lugar de esperar a ver cómo responde. Observar obstaculiza la respuesta natural.

Hablar no ha servido de ayuda

Si el sexo no funciona en su matrimonio y no han podido hablar sobre ello como pareja, puede que necesiten ayuda. La comunicación es vital para mantener vivos el amor, la pasión y la intimidad en su vida sexual. Sin embargo, muchas parejas no saben cómo hablar o compartir abiertamente acerca de sus vidas sexuales; o quizá hayan experimentado tanto conflicto cuando lo han intentado, que se han dado por vencidos. Intenten hablar el uno con el otro sin evaluar, y utilicen toda la expresión de cuidado y afirmación que puedan. Usen afirmaciones con la palabra "yo" para expresar cómo se sienten; y, en última instancia, si no pueden solucionarlo entre ustedes, busquen ayuda profesional. Asegúrense de continuar buscando hasta que descubran el placer sexual que tanto desean y que Dios quiere para ustedes.

CÓMO MEJORAR EL SEXO

Una fórmula para la intimidad

El sexo estupendo no es algo que simplemente ocurre, pero cuando somos deliberados acerca de nuestra relación sexual, el sexo puede ser fantástico. Proteja su matrimonio; no deje que los hijos, el trabajo, los amigos o la iglesia se interpongan en su camino. Tienen que sacar tiempo para estar juntos; además deben guardar su corazón, siendo conscientes de que todos nosotros somos vulnerables a las tentaciones exteriores. Asegúrese de que todos sus pensamientos e intereses sexuales estén centrados en su cónyuge. Si alguna cosa le hace excitarse, ponga el rostro de su cónyuge en esa escena, dirija esos sentimientos hacia él y actúe sobre esos sentimientos con él. No persiga esas fantasías con ninguna otra persona.

Para funcionar en el sexo y para proteger su matrimonio, usted tiene que apartar tiempo deliberadamente para estar en intimidad. Haga planes en lugar de esperar a que las cosas surjan de forma espontánea. Muchas personas dicen: "¿Planear el sexo? ¿Acaso no le quita todo el romanticismo?". Piense en las citas; ¿recuerda que planeaban tiempo para estar juntos? Aquellos fueron algunos de sus mejores momentos de conectar y de aprender el uno acerca del otro. De igual manera, cuando usted espera el sexo porque está haciendo planes para que así sea, su encuentro sexual tendrá una mayor calidad y tenderá a suceder más a menudo.

La fórmula para la intimidad que recomendamos es:

15 minutos al día
1 tarde por semana
Medio día por mes
1 fin de semana por estación

Sugerimos que las parejas aparten quince minutos al día simplemente para ellos dos, para centrarse el uno en el otro. Durante esos momentos, no hablen sobre quién recogerá a los niños, sobre la secadora o sobre quién lavará los platos en la noche. Es un momento para hablar acerca de usted y de su esposo, de cómo se siente usted y de cómo se siente él. Puede que piense que quince minutos no es tiempo suficiente, pero quince minutos es mucho mejor que nada. Después de tomarse algunos momentos para hablar, compartan algo espiritual: un versículo bíblico o una oración. Después terminen con treinta segundos o un par de minutos de besos apasionados. En la tarde semanal que hayan asignado, o en su "cita nocturna", podrían salir juntos o simplemente tomarse tiempo para disfrutar de la conversación y divertirse en casa. Puede que sea más difícil planear los tiempos mensuales y estacionales, pero cuando los planeen conservarán esos momentos. Estoy convencida de que si cada pareja practicase esta fórmula para la intimidad, la tasa de divorcios descendería de forma significativa, y habría mucha más satisfacción sexual dentro del matrimonio.

Haga que el sexo actúe a favor suyo

No hace falta decir que los hombres y las mujeres son diferentes. Por esta razón, como esposos y esposas, necesitamos hacer que nuestras diferencias sexuales actúen a favor nuestro. El esposo necesita pasar tiempo acariciando a su esposa; a medida que ella se siente amada, se abrirá sexualmente y lo invitará. Ambas partes serán felices. Pero asegúrese de que el sexo no siempre signifique sexo. Algunas veces ustedes simplemente necesitan divertirse y jugar; relájense, mantengan un espíritu como el de un niño; rueden, ríanse, sean tontos y exageren.

Recuerden cómo solían pasarlo bien juntos, y vuelvan a vivir algunas de aquellas experiencias. Flirtee con su esposo, fantasee con él de la manera en que lo hacía, y sueñe despierta con él. Enfóquese en sus similitudes en lugar de en sus diferencias, y siempre intente asegurarse de contrarrestar cualquier interrelación negativa con cinco positivas.

Finalmente, bésense apasionadamente. Estamos convencidos de que besarse apasionadamente es un verdadero barómetro de una relación sexual. Las parejas que ya no se dan largos y profundos besos ya no tienen una vida sexual satisfactoria. Puede que se pregunte: *¿Cómo comenzamos?* Es natural sentirse incómodos cuando han pasado mucho tiempo sin besarse. Recomendamos que comiencen de manera muy deliberada. Consideren este ejercicio para besarse que recomendamos a las parejas: Tomen turnos para enseñarse cómo usar su boca, su lengua y sus labios el uno con el otro. En otras palabras, usted lo besa a él y él es el recipiente; usted le enseña cómo le gusta ser besada y él sigue su guía. Después él le muestra a usted cómo le gusta ser besado; ¡es divertido! Aun cuando besarse sea un asunto que vaya bien en su relación, inténtenlo, pues les da la oportunidad de hablar acerca de los besos, lo cual les ayuda a explorar formas de disfrutar el uno del otro. Después hagan de los besos una parte de su vida; no se vayan a la cama hasta haberse besado apasionadamente.

ACERCA DE LA AUTORA

Joyce Penner es columnista para *Marriage Partnership* (Sociedad del matrimonio). Como enfermera especializada en desórdenes psicosomáticos, ha ejercido como terapeuta sexual, marital y premarital durante veinticinco años. Es pastora asociada de Vida Congregacional de Lake Avenue en Pasadena, California; también es autora o coautora de nueve libros y editora y escritora para *Marriage & Family: A Christian Journal* (Matrimonio y Familia: Un diario cristiano). También es una veterana en el campo como conferencista y personaje de los medios de comunicación.

VERSÍCULOS QUE INSPIRAN

"El marido cumpla con la mujer el deber conyugal, y asimismo la mujer con el marido. La mujer no tiene potestad sobre su propio cuerpo, sino el marido; ni tampoco tiene el marido potestad sobre su propio cuerpo, sino la mujer. No os neguéis el uno al otro, a no ser por algún tiempo de mutuo consentimiento, para ocuparos sosegadamente en la oración; y volved a juntaros en uno, para que no os tiente Satanás a causa de vuestra incontinencia" (1 Corintios 7:3-5).

"Honroso sea en todos el matrimonio, y el lecho sin mancilla; pero a los fornicarios y a los adúlteros los juzgará Dios" (Hebreos 13:4).

"Alégrate con la mujer de tu juventud, como cierva amada y graciosa gacela. Sus caricias te satisfagan en todo tiempo, y en su amor recréate siempre" (Proverbios 5:18-19).

Y [Dios] dijo: Por esto el hombre dejará padre y madre, y se unirá a su mujer, y los dos serán una sola carne. Así que no son ya más dos, sino una sola carne; por tanto, lo que Dios juntó, no lo separe el hombre" (Mateo 19:5-6).

"¡Oh, si él me besara con besos de su boca! Porque mejores son tus amores que el vino. A más del olor de tus suaves ungüentos, tu nombre es como ungüento derramado; por eso las doncellas te aman. Atráeme; en pos de ti correremos. El rey me ha metido en sus cámaras" (Cantar de los Cantares 1:2-4).

Lograr que su matrimonio sea un gran matrimonio

⊱⧸

BARBARA ROSBERG

[Sean] fortalecidos con todo poder, conforme a la potencia
de su gloria, para toda paciencia y longanimidad.
COLOSENSES 1:11

Recientemente me encontraba sentada a la mesa tomando café con una muy buena amiga que me dijo lo que había en su mente: —Barb—dijo ella—, mi esposo y yo estamos pasando por un tiempo en nuestras vidas y yo estoy dolida porque no estamos conectando. Estamos atravesando algunos momentos difíciles, pero para ser totalmente sincera, yo me siento casi culpable de estar contándote esto.

—Lo que tú estás pasando es simplemente un caso de distanciamiento "normal" que puede ocurrir en el matrimonio— le expliqué yo—. Dime, ¿qué es lo que está en el fondo de todo eso?

Para esta pareja, el conflicto se centraba en la preocupación que él tenía por su carrera. En un principio, ambos habían estado emocionados con el cambio de carrera, pero al final ésta se había convertido en la dueña de la situación, robándole la atención de su esposo. Hay un viejo dicho que dice: "La dueña se lleva las flores". En este caso, la dueña era el trabajo de él y también un trabajo como voluntario al que él se había comprometido. Algo estaba distrayendo a su esposo para no ser atento con el corazón de su esposa; las necesidades de ella no estaban siendo suplidas por el hombre que Dios le había dado. Claramente había una crisis en su comunicación, y ella realmente se estaba desanimando. Sencillamente no tenían tiempo para hablar. El romance en realidad se aleja de un matrimonio cuando la pareja ya no habla de otra cosa que no sea la logística familiar.

Ella me miró y preguntó:—¿Qué hacemos?

Yo me recliné hacia atrás, sintiéndome aliviada. Toda pareja casada atraviesa periodos de desconexión el uno con el otro; y toda pareja necesita pasar más tiempo juntos para hablar. Los hombres y las mujeres son muy diferentes, pero todos somos creados a imagen de Dios. Muchas de nosotras comenzamos nuestro matrimonio pensando: *Voy a cambiar a mi pareja.* Y eso es lo peor que podemos hacer.

Permítame compartir mi historia. En nuestros primeros

años de casados, Gary estaba trabajando en su doctorado, yendo a la escuela de postgrado y trabajando a jornada completa. Teníamos dos niñas pequeñas y yo me quedaba en casa con aquellos bebés, y ese era el quid del problema: Yo esperaba que Gary supliera mis necesidades emocionales, pero él estaba distraído, conducido en realidad por su "dueña": la escuela y el trabajo. Las niñas y yo le veíamos muy poco.

Lo gracioso es que cuando él comenzó el programa de postgrado, los dos estábamos muy emocionados por ello. Hacen falta dos personas para tener una carrera y arreglárselas con los estudios. Pero después de años de estrés y de demandas interminables —muchos días Gary se marchaba antes de las 7:00 de la mañana y no regresaba a casa hasta las 10:30 de la noche—, yo acabé sintiéndome sola y desanimada, y me distancié de Gary, mi mejor amigo. Esa discordia entre nosotros hirió mi corazón. Yo le rogaba; le decía que necesitaba pasar más tiempo con él como mi esposo, que las niñas necesitaban a su papá; pero, sin embargo, como hombre, él anhelaba ascender la escalera de la carrera. Por tanto, creo que él dejaba de escuchar cuando yo hablaba con él, pues debió de parecerle que me estaba quejando. Yo oraba e intentaba encontrar soluciones. Le decía: "Sabes, quizá podrías pasar menos tiempo en la biblioteca y más tiempo con tu familia". Pero cuando él no cambió, con el tiempo yo comencé a desconectarme y lentamente dejé de hablar con él. Me decía a mí misma: *¿Por qué intentarlo?* Y estoy segura de que mi esposo pensaba: *Uf, ella ya lo ha superado*. Pero con el paso del tiempo, esa tensión que había entre nosotros endureció mi corazón hacia Gary. Yo ya no sentía que

Gary era un refugio seguro para mí; yo necesitaba hablar, y necesitaba conexión emocional con él. Gary había sido mi mejor amigo, pero yo me sentía herida y desanimada por el distanciamiento que se había producido en nuestra relación. Por eso lo comprendí perfectamente cuando mi amiga acudió a mí en busca de ayuda con una situación similar en su matrimonio.

Si ha aprendido algo, espero que sea esto: Cuando se sienta desanimada en su matrimonio, necesita hablar con una mujer piadosa que sea un poco mayor que usted, un poco más sabia y con un poco más de experiencia, y que pueda darle ánimos para permanecer en la pista y aguantar. Hay periodos en que los matrimonios pasar por confusión, donde los esposos y las esposas se sienten emocionalmente distantes. Durante esas pruebas es cuando agotamos todos nuestros propios recursos y nos volvemos hacia nuestra relación con Dios para aprender lo que verdaderamente necesitamos para experimentar un gran matrimonio.

Echando la vista atrás a aquellos primeros años de nuestro matrimonio, Gary y yo comprendemos que fueron algunos de los días más difíciles que hemos soportado jamás; pero, a la larga, aprendimos a comunicar a un nivel desconocido para cualquiera pareja que conozco. Finalmente descubrimos cómo volver a conectar el uno con el otro aun cuando Gary estaba muy ocupado. Cuando él regresaba a casa a las 10:30 de la noche, nos sentábamos y hablábamos con sinceridad hasta las 11:30.

> *Al final llegamos a comprender que nuestra esperanza estaba en Cristo, y no en la otra persona.*

Hablábamos de lo que yo había soportado durante el día y de lo que él había tenido que confrontar, pero también hablábamos de lo que cada uno necesitaba del otro. Al final llegamos a comprender que nuestra esperanza estaba en Cristo, y no en la otra persona. Es algo increíble. Después de todo lo que hablé y rogué, y de que mi corazón se cerrase durante un periodo de tiempo en nuestro matrimonio, fue increíble ver cómo Dios contestó mis oraciones una vez que confié en Él.

Un día, nuestra hija de cinco años, Sarah, trajo a Gary un pedazo de papel con un dibujo.

—Papá, papá, ¿quieres ver mi dibujo de la familia?—le preguntó.

—Ahora mismo no, Sarah; tengo que estudiar—le respondió él.

Pero como él, en su doctorado, estaba trabajando acerca de la consejería, enseguida supo que no había dicho lo correcto, así que la llamó para que volviera. Ella corrió hasta él y se acurrucó en su regazo. El dibujo mostraba a mamá y a Katie, nuestro setter irlandés, y a Missy, su hermana pequeña ocupando una gran parte de la página, y luego a Sarah; pero papá no estaba en el dibujo.

—Papá, ¿te gusta mi dibujo?—preguntó.

—Sí, Sarah. ¿Pero dónde está papá?

—Papá, tú estás en la biblioteca estudiando—respondió ella a la vez que se bajaba, y se fue.

Bien, ocurrió la cosa más increíble en el corazón de mi esposo a la vez que se quedaba mirando el dibujo: quedó destrozado. Por primera vez, a pesar de los meses que yo había pasado rogando, finalmente cobró sentido para él a través de un sencillo dibujo de una niña de cinco años.

Pero las cosas no cambian de la noche a la mañana. Varios meses después, Gary y yo estábamos tumbados en la cama. En mitad de la noche, él se volvió hacia mí y dijo:

—Barb, ¿estás despierta?

—Sí.

—Tengo una pregunta para ti. ¿Puedo volver a casa?

—Gary, yo te quiero y tus hijas te quieren, pero nadie te conoce—respondí yo.

En aquel momento yo también me di cuenta de lo mucho que él estaba sufriendo y de lo aislado que se sentía de su familia. Aquello era exactamente por lo que yo había estado orando —que Gary reconociera lo mucho que lo necesitábamos—, pero tuvo que ser en el tiempo de Dios, y no en el mío.

LAS CINCO "NECESIDADES DEL AMOR"

Por haber pasado ese difícil periodo en nuestro matrimonio, Gary y yo comprendimos que todo hombre y mujer tiene unas necesidades dadas por Dios que su pareja debe suplir. Una vez identificadas esas necesidades, decidimos escribir sobre ellas. Preguntamos a 1,400 personas por todo el país: "¿Cuáles son las cinco necesidades del amor principales que su pareja debe suplir para que usted tenga un gran matrimonio?". Muchas veces la gente simplemente no es capaz de responder a esa pregunta porque ni siquiera sabe cuáles son las cinco necesidades del amor principales. Pero las mujeres en todo el país nos dijeron que sus esposos necesitaban amor incondicional, intimidad emocional, intimidad espiritual con su esposa, ánimo y mejores amistades.

1. *Amor incondicional*. Curiosamente, la necesidad número uno del amor para las mujeres es el amor incondicional: la misma necesidad que para su esposo. Pero el amor incondicional no es humanamente posible. El amor incondicional solamente proviene de una fuente: Jesucristo. Solo podremos adquirir amor incondicional mediante una relación con Él. Si usted ha rendido su vida al Señor, comprende que su amor es el tipo de amor que nos ama aun cuando hayamos llegado a nuestro punto más bajo, aun cuando nos hayamos decepcionado a nosotras mismas y a aquellos que amamos, y aun cuando hayamos fracasado rotundamente.

Fue en aquellos difíciles años de nuestro matrimonio cuando Gary y yo descubrimos la verdadera fuente de amor incondicional. Las mujeres sencillamente no pueden ser amadas por sus esposos de esta manera. Yo hallé este amor en mi relación con el Señor cuando más herida me sentía. Cuando finalmente comprendemos quién es Cristo en nuestras vidas y buscamos que nuestro vacío sea llenado por Él y solamente por Él, entonces podemos a amar a otros mucho más plenamente.

Para ser amadas incondicionalmente, las mujeres necesitan ser amadas en su mayor momento de dolor. Desde luego que el dolor varía de una mujer a otra. Si usted ha pasado por algún tipo de pérdida (quizá por muerte o divorcio, o incluso por haber sido abandonada por su padre cuando era joven), ciertamente va a necesitar el amor verdadero e incondicional del Padre vivido a través de su esposo para que le ayude a superarlo.

Entonces, ¿cómo puede un esposo suplir la necesidad que tiene su esposa de amor incondicional? Necesitamos la seguridad de que somos amadas tal como somos y de que nuestros esposos permanecerán a nuestro lado pase lo que pase. También necesitamos que nuestros esposos nos recuerden que Dios nos ama y que busquemos consuelo en el amor de Él. Después de todo, nuestra verdadera fuente de satisfacción viene de una audiencia de una sola Persona: Jesucristo. Generalmente, las mujeres están conectadas con sus esposos, sus hijos, sus carreras y las personas que hay en sus vidas y, como resultado, batallan más por agradar que por ser agradables. Pero el fondo de la cuestión es: usted no puede agradar a todo el mundo. Cuando su vida llegue a su fin, habrá una audiencia de una sola Persona: Jesucristo, delante del cual pondremos nuestras vidas. Viva su vida para una audiencia de una Persona, y estará segura de agradar a Dios.

Nuestros esposos también necesitan comprender que amarnos incondicionalmente se refuerza por la respuesta de ellos ante nuestros fracasos o decepciones. Esas respuestas son críticas. Lo primero que él diga después de que hayamos compartido una situación particularmente difícil determinará el que nos quebremos o el que nos levantemos por encima de las circunstancias. Por tanto, cuando hayamos fracasado o cuando estemos desanimadas, palabras como: "Siempre estaré a tu lado", o "Tú nunca tienes que hacer nada para ganarte mi amor.

Te amo a pesar de lo que pase", pueden inspirarnos a no darnos por vencidas.

Hace unos años noté un verdadero crecimiento en nuestro matrimonio. Me di cuenta de ello en el primer evento de Cumplidores de promesas en el que Gary hablaba. Yo le acompañé en aquel viaje para orar y apoyarlo, pero no podía imaginar lo que habría de ocurrir. Al final de la charla de Gary, delante de 60,000 hombres, él dijo: —Y ahora voy a pedir a mi esposa Barb que venga al frente. Ella no sabía que yo iba a hacer esto. Yo no podía creer que él estuviera haciendo eso. Mi corazón latía como no lo había hecho nunca antes; subí, pues, a la plataforma pero no me atrevía a mirar a aquellas 60,000 personas, pues estaba segura de que moriría a causa del shock. Casi ni comprendía sus palabras y, de repente, él sujetó la Biblia por encima de mí y leyó del Evangelio de Juan. Yo le oí decir: "Pedro le dijo: No me lavarás los pies jamás" (Juan 13:8), y pensé: *No vas a lavar mis pies. Nadie me ha lavado jamás los pies.* Pero es exactamente lo que hizo. Se inclinó, y delante de todos aquellos hombres me quitó los zapatos y lavó mis pies con su pañuelo. Al hacerlo, lloraba y me pedía que le perdonara para que así él pudiera amarme más como Cristo le amaba a él. En aquel momento, comprendí que mi esposo realmente quería amarme como Cristo me ama. Yo puedo cometer errores, puedo desafiarlo a él, y aun puedo volverlo loco a veces, pero su amor por mí no se desvanecerá. Y delante de 60,000 personas, mi esposo cambió mi vida. Él me demostró, más allá de todo razonamiento, el poder de ser amada: amada como Cristo nos ama a cada una de nosotras.

2. *Intimidad emocional.* La segunda necesidad del amor que las mujeres tienen es la intimidad emocional con sus esposos. Una vez que el amor ha sido establecido irrevocablemente, ¿cómo puede una pareja lograr una intimidad más profunda en su matrimonio? Como era de esperar, los hombres y las mujeres que fueron encuestados respondieron de esta manera acerca de la intimidad: Los hombres deletrearon S-E-X-O y las mujeres deletrearon H-A-B-L-A-R. Si por alguna razón son rechazadas, las mujeres se retirarán de sus parejas. Quizá haya pasado un tiempo muy largo desde la última oportunidad que hubo para hablar. Las tensiones se apilan y tendemos a contener nuestros sentimientos cuando el ritmo de la vida se vuelve muy agitado. Si esta situación continúa, un esposo y una esposa pueden convertirse en dos extraños que viven bajo el mismo tejado y que comparten la misma cama, pero con muy poca intimidad. ¿Sabe qué otra cosa ocurre? Para su esposo, parece que usted está rechazando sus insinuaciones cuando él inicia una relación sexual. El problema es que usted no lo está rechazando; simplemente no es capaz de responder físicamente cuando se siente tan distante emocionalmente. Los conflictos deben ser resueltos antes de permitirnos a nosotras mismas participar en el sexo.

Y si sus necesidades emocionales no están siendo suplidas, usted se vuelve vulnerable; si el vacío no se cuida de alguna forma, algo o alguien más lo llenará. Quizá usted llene el vacío a través de una carrera, o quizá pase más tiempo con sus hijos o más tiempo con sus amigas; pero esta es la cuestión: si su esposo no está supliendo la necesidad que usted tiene de intimidad emocional, usted corre el riesgo de verse envuelta en una relación con otro hombre. Muchas veces su necesidad de intimidad emocional puede conducirla por un camino de destrucción que es tan sutil, que ni siquiera se da usted cuenta de hacia dónde se dirige. Si su esposo le ha herido de alguna manera, si está usted en conflicto con él, si no está usted comprometida con la relación, si su corazón se ha cerrado y deja de intentarlo, entonces es usted extremadamente vulnerable a la atención o el afecto de otro hombre.

En ese estado de ánimo, es fácil mirar al esposo de alguna otra mujer y pensar que él es el hombre ideal. Comenzamos a comparar a otros hombres con nuestro esposo, aumentando sus defectos y minimizando nuestro compromiso. Esto conduce al desarrollo de una relación con otros hombres que conocemos, como nuestro jefe, un vecino o incluso el esposo de nuestra mejor amiga. Comenzamos a sentir un vínculo con ese otro hombre, y cuando comenzamos a pensar en términos de encontrarnos con él o estar con él, nos encaminamos al desastre. Si está usted pensando en un futuro con otro hombre que no sea su pareja, o si piensa que tiene una oportunidad con el esposo de otra mujer, está usted viviendo en una fantasía. Si realmente quiere tener un buen matrimonio y una estupenda relación con su cónyuge, tiene que desafiar esos pensamientos y fantasías. Si existen áreas de conflicto con su esposo, tienen que abordarlas y solucionarlas los dos juntos.

Las mujeres somos seres emocionales y, como resultado, necesitamos guardar nuestro corazón. No se convierta en una prisionera de sus emociones. Es crítico que toda mujer sepa que el hombre que está buscando es en realidad la persona con la que está casada. Quizá haya llegado a estar emocionalmente ciega y no vea todo lo que él es debido a que él le ha herido emocionalmente. Si estoy dando una descripción de usted misma o de alguien a quien conoce, hay que dar algunos pasos, con la ayuda de Dios, para resolver la situación.

En primer lugar, tiene que admitir que esa clase de pensamientos abre la puerta a la destrucción de su matrimonio, al igual que a la de su familia. En segundo lugar, debe ponerlo delante del Señor y confesarlo. Trate con esos asuntos que deben perdonarse en su corazón, y después tome medidas para resistir ese tipo de pensamientos mediante el poder del Espíritu de Dios. Llévelos a la cruz para obtener claridad y paz mental. Distánciese del hombre que le esté distrayendo: si es su jefe, deje ese trabajo; si es un amigo de la familia, dejen de salir juntos en parejas. Haga lo que haga, corra; corra a los brazos de Dios y después corra a los brazos de su esposo. Acérquese un paso más a su esposo: vaya a él y reafirme su amor y su compromiso con él; confiésele a él los asuntos que le han guiado a guardar su corazón y al final a endurecerse en contra de él; dígale que hay asuntos en los que tienen que trabajar como pareja y que usted lo necesita y lo ama. El propósito de esta confesión es que abra la puerta de su corazón para su esposo, lo cual le permitirá a él conectar con usted emocionalmente.

No hay nada mejor que un esposo que supla las necesidades de su esposa de intimidad emocional, pero él necesita que usted le enseñe cómo hacerlo. Lo primero que su esposo tiene que hacer es tomar la iniciativa para resolver el conflicto en su matrimonio. Cuando surjan problemas, deben ponerse de acuerdo para abordarlos antes de irse a dormir; no se vayan a la cama enojados. Si hay asuntos del pasado que continúan surgiendo, o asuntos cercanos a su corazón, entonces tome la iniciativa y visite a un buen consejero para así poder superar esos problemas recurrentes. El primer paso hacia el establecimiento de la intimidad emocional en el matrimonio es tener dos corazones limpios comprometidos el uno con el otro.

Además, al igual que usted, su esposo necesita salvaguardar su corazón de otras mujeres. Cuando las conversaciones con las personas del sexo contrario pasan de compartir la rutina diaria a compartir asuntos más confidenciales, pueden surgir relaciones inadecuadas de la noche a la mañana. Y como dice un viejo proverbio inglés: "Los ojos son las ventanas del alma". Y, señoras, ustedes han visto ocurrir eso mismo delante de sus propios ojos: una mujer que envía señales a un hombre. Toda mujer lo comprende perfectamente, pero a veces los esposos no. Adviértale acerca de esas señales: demasiados halagos de una compañera de trabajo, o abrazos, toques, o caricias por parte de una amiga. Cuando usted vea esas señales, con amor y amabilidad señáleselas a su pareja en la intimidad de su hogar.

3. *Intimidad espiritual.* Las mujeres de todo el país nos dicen que su tercera necesidad es la intimidad espiritual con su esposo. Ya sea usted casada o soltera, hombre o mujer, la intimidad espiritual tiene su origen en nuestra rendición al Rey de reyes y Señor de señores. Comienza cuando perseguimos una relación con el Señor.

Muchas mujeres anhelan una conexión espiritual con su esposo, pero para ello se necesitan dos personas que inviertan y se comprometan con su relación. Eso significa que la esposa persigue su propia relación con el Señor, mientras que el esposo prosigue con su relación. Cuando dos personas se unen como una en esta función, hace que un buen matrimonio se convierta en un gran matrimonio.

Todas nosotras anhelamos la comunión en nuestro matrimonio. Anhelamos que nuestro esposo sea una caja de resonancia espiritual, al igual que nuestro líder y guía. *Para algunos hombres, hablar sobre temas espirituales les hace sentir intimidados.* Quizá él se sienta inadecuado o poco calificado espiritualmente. Necesitamos animar a nuestro esposo a que simplemente escuche; no necesitamos necesariamente respuestas, sencillamente necesitamos que él escuche lo que pensamos y que afirme esas áreas en las que él vea que se está desarrollando carácter en nuestras vidas. También necesitamos que él nos anime a usar nuestros dones espirituales, porque crecemos en el Señor a medida que los usamos. Sirva en la guardería de una iglesia, ofrézcase como voluntaria con Meals on Wheels (Comidas sobre ruedas) o aconseje a otras mujeres. Sean cuales sean sus dones, cuando su esposo afirma aquellas áreas en las que está usted involucrada, usted crece, madura y se convierte más en la mujer que Jesús diseñó. Esta es una de las razones por las que usted necesita una conexión espiritual con su esposo.

La intimidad espiritual, sin embargo, se puede desatender si su esposo no permite que Jesucristo ocupe el trono espiritual de

> *Para algunos hombres, hablar sobre temas espirituales les hace sentir intimidados.*

su vida. La habitación del trono en el corazón de él que debería pertenecer a Dios, algunas veces está atestada de las preocupaciones del mundo: el trabajo, administrar las finanzas y otras personas, lugares y cosas. Cuando esto ocurre, ambos resultan afectados. Usted necesita un hombre que discierna lo suficiente para limpiar lo que no pertenece a esa habitación y reservarla solamente para el Señor. Es muy difícil conectar con un esposo que no esté conectado al Señor. Usted también necesita un hombre que viva como ejemplo cuando se trata del ámbito espiritual. Necesita estar casada con un hombre que viva en privado lo que predica en público. Necesita que su esposo sea un hombre de integridad.

Dos personas que están en un viaje de intimidad espiritual crecen juntos a través de la oración. Quizá usted necesite simplemente que su esposo tome su mano a la hora de comer y ore con usted; o quizá al final del día podría usted decirle: "¿Podríamos orar antes de irnos a dormir?". Realmente no hay nada que les una de una forma tan firme como el que su esposo ore con usted.

Antes de que nuestra hija Sarah se casase, yo desafié a nuestro futuro yerno: "Scott, ¿y si orases con Sarah cada día antes de que se casen hasta el día en que mueran?". ¿Y saben? Scott ha tomado mi desafío y ha orado con Sarah cada día. Sarah me ha contado que a veces la vuelve loca, pues a ella le gusta irse a la cama más temprano que Scott, y él la despierta antes de dormirse él. Le da golpecitos en el hombro y dice: "Sarah, necesito orar contigo. Quiero llevarte delante del Señor antes de que nos durmamos esta noche". Lo que más le molesta es cuando ella está enojada con él; sin embargo, él la despierta y dice: "Sarah, vayamos ante el Padre. Oremos juntos". Ella me dice que hace que su corazón se derrita.

Ore, pues, con su pareja. Pídale a su esposo que dé los pasos necesarios para perseguir la intimidad espiritual. Eso hará que un buen matrimonio se convierta en un gran matrimonio.

4. *Ánimo.* La necesidad del amor número cuatro que las mujeres requieren es el ánimo. Hubo una religiosa en Morris, Minnesota, que le dijo a su clase de séptimo grado una tarde: "Hagan a un lado sus tareas. Vamos a sacar una hoja de papel de rayas azules y a escribir los nombres de todos los de la clase". Y así lo hicieron. Después les dijo: "Escriban una manera en que las demás personas de la clase les hayan impactado". Y todos siguieron sus instrucciones. Entonces ella recogió y se llevó a su casa aquellas hojas de papel durante el fin de semana, sacó treinta páginas de papel y escribió los nombres de diferentes personas en la parte superior. Después recopiló todo lo que cada uno de los alumnos había escrito sobre los demás. La mañana del lunes repartió a cada alumno el pedazo de papel que contenía palabras positivas de parte de los compañeros de clase. Enseguida supo que fue un éxito, pues vio que cada niño y niña estaba emocionado al leer lo que los demás habían dicho sobre él o ella.

Unos veinte años después, uno de aquellos alumnos llamado Mark Eckland fue a luchar por nuestro país a Vietnam y murió mientras luchaba allí. Cuando su cuerpo fue devuelto a Morris, Minnesota, muchos de sus compañeros de clase asistieron a su funeral. Seguidamente, en el almuerzo, el padre de Mark se acercó a la maestra y le dijo: —Cuando nos dieron las posesiones personales de Mark, incluyendo su cartera, yo las eché un vistazo. Dentro de la cartera había un pedazo de papel amarillento de rayas azules que había sido pegado por varios lugares, obviamente por haber sido leído y releído varias veces. Él llevaba en su cartera todas aquellas cosas positivas que sus compañeros de clase habían dicho de él.— Ahora bien, ese es el poder del ánimo.

Cuando nuestros esposos nos afirman, cuando nos recuerdan cuán importantes somos para nuestra familia, cuando nos dicen: "Creo que eres la mejor esposa que nadie podría tener", o "Cariño, me encanta envejecer a tu lado", o "Aprecio tu cuidado y atención por nuestra familia", merece la pena llevarnos esas palabras a la tumba, al igual que hizo aquel joven llamado Mark Eckland.

5. *Amistad.* La quinta necesidad del amor para las mujeres es la amistad. La verdad es que no podemos tener amistad en nuestro matrimonio si no pasamos tiempo desarrollándola. Aquí está un ejemplo de lo que uno realmente siente que es la amistad.

A unos cuarenta minutos hacia el oeste de nuestra casa hay un lugar donde filmaron la película *Los puentes de Madison*. Es una historia de ficción, pero uno de los personajes es un hombre llamado Richard. Richard no hablaba con su esposa; era un hombre muy trabajador, y ama-

> *La verdad es que no podemos tener amistad en nuestro matrimonio si no pasamos tiempo desarrollándola.*

ba a su esposa, Francesca, pero batallaba por expresarlo. Raras veces hablaba con ella, la tocaba, pasaba tiempo con ella o le hacía cumplidos. La historia es sencilla: él no suple las necesidades de amor de ella. Como resultado, ella se hace vulnerable y cae rendida a la atención y los halagos de otro hombre. Ella no tenía la intención de tener una aventura amorosa, pero rara vez las personas planean una aventura amorosa. Richard Kincaid simplemente hablaba con ella, la escuchaba y le prestaba mucha atención. Se reía de sus bromas, arrancaba flores para ella e incluso lavó los platos después de comer. Él compartió su mundo con ella y le preguntó acerca del suyo; le ofreció una copa con respeto y cortesía. En cuestión de días, los sentimientos de Francesca estaban encendidos, y luchó con la horrible batalla que había en su interior; pero perdió la batalla debido a que le habían privado de la ternura y el amor de su propio esposo, y se volvió a alguien que pudiera dárselos.

Ahora bien, ¿no anhelamos todas nosotras que nuestros esposos sean los héroes en un guión como ese? Muchas veces entramos en restaurantes y vemos parejas que no hablan debido a su desinterés el uno por el otro. Actúan como si ni siquiera quisieran hablarse el uno al otro. Necesitamos el fundamento de la amistad para caminar dentro del matrimonio. Nuestros matrimonios comienzan en una amistad, y la amistad es el hilo conductor que nos llevará hasta el final.

La amistad con nuestro esposo es diferente de la amistad con nuestras amigas. Nuestro esposo debe ser nuestro mejor amigo. Las mujeres entrarán y saldrán de nuestras vidas, pero necesitamos esa amistad que nos lleve a lo largo de la vida; él será quien nos baste en todas las circunstancias. Cuando usted tiene una amistad, la alimenta; no siempre dice todo lo que piensa, se deleita en sacar lo mejor de esa persona y sueñan juntos. Necesitamos que nuestro esposo comparta nuestros sueños y nos pregunte cuáles son. Permítale que conozca su corazón; sueñen juntos; establezcan nuevas metas. Si ustedes tienen el nido vacío, como Gary y yo, entonces es más importante que establezcan nuevas metas, al igual que hicieron cuando se casaron. Asegúrese de continuar reforzando el fundamento de la amistad en su matrimonio, para así no terminar como esa pareja sentada el uno frente al otro en una mesa y sin saber qué decirse. Nos encanta estar con gente que nos gusta, así que asegúrese de pasar tiempo trabajando en los problemas que tenga para así poder desarrollar el aspecto de la amistad del matrimonio.

Recuerde que usted puede tener un buen matrimonio, pero si quiere tener un gran matrimonio lo que en realidad necesita es un matrimonio de tres: dos personas que estén rendidas a Dios, quien diseñó el matrimonio. Necesitamos más de Dios en nuestro matrimonio y menos de nosotros. Filipenses 2:1-3 dice: "Si hay alguna consolación en Cristo, si algún consuelo de amor, si alguna comunión del Espíritu, si algún afecto entrañable, si alguna misericordia, completad mi gozo, sintiendo lo mismo, teniendo el mismo amor, unánimes, sintiendo una misma cosa. Nada hagáis por contienda o por vanagloria; antes bien con humildad, estimando cada uno a los demás como superiores a él mismo".

ACERCA DE LA AUTORA

Barbara Rosberg es copresentadora del programa nacional de radio de coloquio diario llamado *America's Family Coaches—Live*. Conferencista establecida y muy solicitada, fue coautora de *The 5 Love Needs of Men and Women* (Las 5 necesidades del amor de hombres y mujeres) y escribió *Divorce-Proof Your Marriage* (Haga su matrimonio a prueba de divorcio). Su pasión es enseñar a las mujeres a suplir las necesidades de sus esposos a la vez que comprendan sus propias necesidades dadas por Dios. Desafía y muestra a las mujeres la forma de hacer que sus matrimonios sean estupendos, evitando el sufrimiento que proviene de las relaciones maritales dolorosas o difíciles. Ella y Gary llevan casados casi treinta años, han criado dos hijas, y tienen un nieto.

VERSÍCULOS QUE INSPIRAN

"El amor es sufrido, es benigno; el amor no tiene envidia, el amor no es jactancioso, no se envanece; no hace nada indebido, no busca lo suyo, no se irrita, no guarda rencor; no se goza de la injusticia, mas se goza de la verdad. Todo lo sufre, todo lo cree, todo lo espera, todo lo soporta" (1 Corintios 13:4-7).

"Habiendo purificado vuestras almas por la obediencia a la verdad, mediante el Espíritu, par el amor fraternal no fingido, amaos unos a otros entrañablemente, de corazón puro" (1 Pedro 1:22).

"En quien vosotros también sois juntamente edificados para morada de Dios en el Espíritu" (Efesios 2:22).

¿Puede Dios sanar un matrimonio?

DEB LAASER

*No os conforméis a este siglo, sino renovaos por medio
de la renovación de vuestro entendimiento, para que comprobéis
cuál sea la buena voluntad de Dios, agradable y perfecta.*
ROMANOS 12:2

EL COMIENZO DEL QUEBRANTAMIENTO

Durante los primeros quince años de nuestro matrimonio, Mark y yo comprendimos que siempre entraban desapercibidamente las molestias e irritaciones de la vida. Había muchas cosas maravillosas en nuestro amor y nuestra familia; sin embargo, nunca parecía haber suficiente tiempo, dinero, paciencia o conexión para nuestra pareja. Lentamente nos íbamos alejando, pero era algo tan gradual que no creo que nos diéramos cuenta al principio. Como pastor y consejero, Mark siempre parecía ser la persona necesitada, querida y admirada, y el que su vida fuese apreciada públicamente creaba un gran resentimiento y soledad en mí. Yo me estaba hundiendo en la desesperación, creyendo que, decididamente, algo faltaba.

Hoy día puedo ver que fue extraordinaria la manera en que la mano de Dios estuvo en muchas de las circunstancias que siguieron. Lo que también fue extraordinario fue la forma en que Él pudo tomar a una mujer muy común y normal como yo y llevarme a través de un viaje increíble de crecimiento y transformación. Él proporcionó esperanza cuando no había esperanza; proporcionó sanidad cuando mi corazón sufría el dolor; me ha dado capacidades para desarrollar una auténtica relación con mis hijos, mis amigos, mis empleados, mi esposo, y con Él. Él ha proporcionado una intimidad en mi matrimonio que va más allá de la que yo jamás había soñado. Lo extraordinario es que Él me amaba lo suficiente para tomar mi mano y guiarme a los lugares correctos y las personas adecuadas para que pudiera encontrar su extraordinario amor en todos los aspectos de mi vida. Yo no tenía idea de lo mucho que Él pudiera amarme.

Un día dos de los colegas de Mark de su clínica llegaron a casa con él y pidieron hablar conmigo. La desesperación llenaba la habitación, y yo supe que no iban a ser buenas noticias.

Los cuatro nos sentamos en la sala y, por primera vez, me contaron algunos de los pecaminosos comportamientos sexuales de Mark. Ellos hablaron de manera muy práctica a la vez que me informaban de que él era un pervertido sexual, que lo habían despedido y que lo sentían. Aquellas personas que me informaban no eran simplemente compañeros de trabajo ocasionales. Uno de ellos era terapeuta y el otro era un doctor que había sido educado en el campo misionero. Ellos eran amigos y, sin embargo, en ese momento de temor por su clínica y su inexperiencia en las adicciones sexuales, incluso ellos no podían ofrecer mucho consuelo o esperanza. Aquel fue verdaderamente uno de los días más oscuros y solitarios que soy capaz de recordar.

Como solamente Dios lo puede dar, yo también sentí un enorme sentido de alivio durante las horas posteriores. Quizá eso podría explicar de alguna manera el porqué yo no podía comprender aquel "algo más" en mi matrimonio. Quizá esa fuera la razón de que exteriormente pareciera que teníamos un matrimonio y una familia maravillosos, pero interiormente yo me sintiera sola y resentida. Sé que el Espíritu Santo estuvo con nosotros en aquellas oscuras horas. No hay palabras adecuadas para expresar el quebrantamiento del que fui testigo en Mark, cuando lo vi sentado de forma desgarbada en nuestro sillón color azul. La tranquilidad que vino sobre mí para tomar la decisión de quedarme, escuchar e intentar apoyarlo, no provenía de mí.

Los días siguientes fueron como un torbellino. Un miembro de la Junta, alcohólico en recuperación, de la clínica de Mark conocía de un centro de tratamientos en Minneapolis para las adicciones sexuales. Él nos dijo que había ayuda y esperanza, pues él sabía que la adicción sexual era muy similar al alcoholismo; ayudó a Mark a entrar en contacto con ellos, y en un perio-

A medida que aprendía a crear apoyo a mi alrededor, sabía que podía estar segura para tratar con la inmensa tristeza y enojo.

do de treinta días, Mark se fue para seguir un programa de treinta días como paciente interno. Era caro y nosotros no teníamos los medios para pagarlo, pero aquel maravilloso médico convino en hacerse cargo por Mark, y en su totalidad. La gracia de Dios no había hecho más que comenzar.

No estoy segura de cómo me las arreglé durante aquellas semanas. Vivíamos en una ciudad bastante pequeña, y la información sobre el comportamiento de Mark era noticia de portada. La humillación pública me condujo al aislamiento con una vergüenza y deshonra que jamás había experimentado. No tenía nadie con quien hablar aparte de Mary, mi colega de trabajo. No conocía de ningún grupo de apoyo; amigos, miembros de la iglesia y colegas se alejaron. Yo tenía tres hijos pequeños de los que ocuparme y no tenía medios financieros para hacerlo. Tenía que ser fuerte, pero en mi interior estaba aterrorizada.

La semana familiar era una tradición del centro de tratamiento, cuando los cónyuges y otros miembros de las familias eran invitados a unirse al proceso terapéutico. Durante la semana familiar comenzó oficialmente mi recuperación. Fui allí para apoyar a Mark y para hacer cualquier cosa que fuese necesaria para ayudarlo a mejorar. Me llenaron de información acerca de los sistemas familiares, y comencé a comprender que somos productos de aquellos con quienes vivimos, y la forma en que nos relacionamos juntos. Mark y yo nos reunimos con terapeutas y tratamos nuestra experiencia en grupos. Escribimos un diario, compartimos historias, lloramos; y por primera vez, comenzamos a experimentar una cercanía al compartir nuestros corazones. Eso era lo que faltaba, y yo lo sabía. Esa cercanía estaba surgiendo de nuestro quebrantamiento y nuestra adversidad. Significaba ser vulnerable e íntimo; cuán diferente era aquello de mi fantasía original de que tener felicidad proporcionaría la cercanía.

Cuando terminó la estancia de Mark en el centro de tratamientos, hubo muchas decisiones acerca de cuál sería la asistencia posterior. Se organizaron citas terapéuticas y grupos para los dos cuando regresáramos, pero yo no estaba convencida de que necesitase también una terapia semanal. Solamente necesité una sesión con mi terapeuta, Maureen, para convencerme de que yo estaba en el lugar correcto y haciendo lo correcto. Hoy sé que Dios me dirigió a aquella sabia y amable mujer para guiarme por un camino de conocimiento de mí misma y de transformación que ha cambiado mi vida.

Esa terapia intensa duró unos dieciocho meses, hasta que nos trasladamos a Minneapolis a causa del nuevo trabajo de Mark. Mark y yo nos reuníamos semanalmente con grupos de apoyo de terapia: yo estaba en un grupo de mujeres y Mark estaba en un grupo de hombres. Al mismo tiempo, participamos en un grupo de parejas; además, los dos tomamos tiempo para sesiones individuales de terapia y fuimos a grupos de "doce pasos". Mi mesilla estaba repleta de libros sobre recuperación, y comenzó mi adicción a los casetes. Nunca había información suficiente para mí; me sentí viva por primera vez en mi vida, aun cuando hubo semanas y meses de mucho dolor y tristeza. A medida que aprendía a crear apoyo a mi alrededor, sabía que podía estar segura para tratar con la inmensa tristeza y enojo.

Después de meses de recuperación, comenzamos a prever un nuevo comienzo y a hacer planes para el traslado a Minneapolis. Y entonces, el colmo. Sonó el timbre de la puerta y un policía uniformado me entregó un sobre: era una demanda. Yo no podía imaginarme cómo podría soportar una cosa más; me temblaba todo el cuerpo y estaba aterrorizada por Mark. A los medios de comunicación les encantaron las noticias, y parecía como si todo el mundo estuviera observando; yo preferiría haber muerto aquel día. En realidad, siguieron llegando más "cosas" y antes de que todo terminase, se pusieron tres demandas. Durante un par de años vivimos en la ambigüedad de aquellas decisiones judiciales y el perjuicio económico que nos causarían. Yo vacilaba entre la ira, la compasión y la desesperanza; me sentía como si estuviera en una montaña rusa de emociones que nunca se detendría.

Mark estaba dedicado a las interminables necesidades de comenzar una nueva carrera, pero era evidente que estaba dispuesto a hacer todo lo que fuese necesario para permanecer fiel y comprometido con nuestro matrimonio y con su recuperación. Algunas veces me humilla el admitir que yo no estaba tan motivada para seguir trabajando tanto en la recuperación. Yo quería ser "normal" y no llevar la etiqueta de una familia adicta sexualmente. La reducción del tiempo, la energía y los recursos puede fácilmente deslizarse dentro de cualquier esfuerzo para sanar de la adicción sexual. Cuando al menos uno de nosotros ha sido capaz de dirigir y dar ánimos al otro durante esos momentos, hemos comenzado a ser testigos de la fortaleza de nuestra unión como una sola carne. Dios nos ha enseñado que tanto el esposo como la esposa no necesitan ser fuertes (o sanos) al mismo tiempo. Por eso Él hace que seamos compañeros: si uno tropieza y cae, el otro está ahí para apoyarlo. Admito que hubo numerosos momentos en que quise salir corriendo de todo aquello. ¡Ya había tenido bastantes charlas sobre el sexo! La verdad es que ambos trabajamos en muchos otros asuntos, pero hubo días en que pensé que lo único que tratábamos era la adicción.

Mi viaje personal continuó de muchas maneras normales y corrientes. De seminarios a ligas femeninas de tenis, pasaba tiempo llegando a conocer y a atesorar algunas de las partes inactivas de mi vida. Al hacerlo, me fui volviendo cada vez más viva en mis relaciones con Mark y con los demás. La transformación se iba produciendo de muchas y pequeñas maneras cada día, y continuará durante el resto de mi vida.

¿QUÉ ES LA TRANSFORMACIÓN?

El primer paso para transformar mi matrimonio fue tomar la decisión de quedarme. A pesar de la deshonestidad, la traición y los votos rotos, escogí quedarme. Cuando tomé esa decisión transformadora, fue importante para mí declarar que no tenía por qué quedarme, pero que quería hacerlo. Yo era capaz de cuidar de mí misma, y no estaba tomando la decisión de quedarme simplemente porque necesitara un techo sobre mi cabeza y alguien que proveyera lo necesario para nuestros tres pequeños hijos. Yo tomé la decisión consciente de participar en mi matrimonio. Estaba tomando la decisión de rendir cuentas igualmente de lo que aportaba a nuestro matrimonio; quería ser una compañera igual a la hora de explorar y compartir nuestras vidas, de ser débil a veces o fuerte algunas otras veces, sabiendo que ambos aportábamos para que nuestro matrimonio fuese fuerte. Yo necesitaba dejar de llevar la cuenta de qué comportamientos eran más pecaminosos, y aceptar el hecho de que ambos hacíamos cosas ofensivas y pecaminosas. Llegó un día en que supe que podía continuar estando enojada, triste o asustada (y que Mark estaba dispuesto a escuchar todo eso), pero que iba a quedarme.

El segundo paso para transformar mi forma de pensar fue aceptar el hecho de que la adicción sexual no era la causa de nuestros problemas maritales. Los dos aportamos a nuestro matrimonio todos los elementos para crear distanciamiento, y no teníamos idea de cómo estar cerca emocionalmente. Sabíamos cómo vivir juntos —pasar por los estudios, practicar sexo, encontrar trabajos, tener hijos, arreglar casas, involucrarnos en la comunidad—, pero fallábamos a la hora de compartir nuestros sentimientos y ser vulnerables el uno con el otro. La adicción sexual era sólo uno de los síntomas de la infección que se estaba extendiendo en nuestra relación; sencillamente éramos incapaces de estar presentes emocionalmente para el otro.

Al hacer frente a la soledad y el enojo en su vida, Mark buscó amor y lo nutrió principalmente a través del sexo, lo cual condujo a su comportamiento sexual. La predisposición para ese tipo de comportamiento se estableció mediante las heridas que había experimentado de niño. Cuando abandonó su pecado sexual, seguía teniendo todas esas necesidades. Yo también tenía maneras de "hacer vivir" mi soledad: me apartaba, permanecía en silencio, utilizaba la agresión pasiva para vivir feliz con otras personas a mi alrededor pero con Mark fuera de mi vida. Me dedicaba por completo a las vidas de mis hijos con un amor que no parecía ser capaz de dar a Mark. Me mantenía ocupada con interminables tareas y proyectos en la casa, y siempre tenía mi negocio para darme la emoción, la creatividad y la conexión que quería tener con Mark tan desesperadamente. Yo también escogí maneras de hacer frente a mi situación, y yo también tenía heridas de mi pasado. Para comprender y tomar decisiones diferentes en cuanto a mi comportamiento, necesitaba examinar algunas de esas heridas y ser sanada de ellas. Mis comportamientos eran cosas socialmente más aceptables que la expresión sexual y por eso era más fácil para mí mantener mis problemas en la retaguardia y mantener el enfoque y la culpa sobre Mark. Cuando finalmente acepté el hecho de que yo contribuía de mi propia manera a los ineficaces círculos de conexión con Mark, pude ver el comienzo de la transformación.

Cuando llegué a esos dos primeros lugares de la transformación —decidir quedarme y decidir mirarme a mí misma—, estaba dispuesta para una relación más profunda con Dios.

LOS TRES ACTOS DE LA RENDICIÓN

Mark y yo hemos llegado a ver que para que pudiéramos transformar nuestro matrimonio verdaderamente y que fuese una sola carne, hay tres actos esenciales de rendición:

1. *Yo realmente necesitaba rendir mi vida a Cristo.* Cuando Mark y yo nos derrumbamos debido a la adversidad de la adicción sexual, yo no podía imaginar tener que enfrentarme a una adversidad mayor que esa. Yo había hablado de los "tres primeros pasos" en muchas reuniones: admití que era impotente en mi vida, que creía en un poder mayor que yo misma, y que tomé la decisión de entregar mi vida a Dios. A pesar de lo mucho que me gustaría admitir que vivía realmente de esa manera, tuvieron que llegar algunas otras adversidades más antes de caer de rodillas y comprender plenamente este acto de rendición.

A medida que mis hijos crecían y se convertían en adultos, yo comprendí que el cuidar de ellos orientada en la recuperación no podría evitar que ellos experimentasen una parte de soledad, quebrantamiento, desesperación y malas elecciones en sus propias vidas. Yo era impotente; tenía que rendirlos a Dios.

Conocí a Pam, quien no solamente era la empleada perfecta, sino también mi mentora espiritual, quien me apoyaba y creía en mí como líder. Cuando comprendí que necesitaba más equilibrio en mi vida, ella fue la persona a quien elegí para formarla y delegar en ella muchas de mis responsabilidades del negocio. Pero entonces a Pam le diagnosticaron un cáncer de páncreas y murió a los siete meses. Yo volví a experimentar mi impotencia. Podía ver con claridad que mi camino, una vez más, no era el de Dios; mis mejores esfuerzos para controlar mi vida eran simplemente eso: mis esfuerzos. Necesitaba rendirme.

Y entonces mi empresa comenzó a decaer después de diecisiete años de crecimiento. Había proporcionado el sustento económico de nuestra familia durante muchos años y había alimentado mis capacidades creativas y de liderazgo. En un principio mi colega y yo justificamos los fallos recurriendo a las típicas cosas del mundo, pero después de un tiempo yo comencé a comprender con toda claridad que mis sueños no eran los sueños de Dios para mí, y poco a poco rendí la visión de toda mi vida de trabajo. Era obvio que Dios estaba abriendo paso para sus planes más grandes. Yo necesitaba rendirme.

En medio de todo aquello y de otros sueños míos destrozados, comencé a ver el gozo de Dios en mi vida. Yo estaba asolada por tantas pérdidas, y clamaba por tener la seguridad de que Dios no me había abandonado. El libro *Shattered Dreams* (Sueños rotos) de Larry Crabb fue la palabra de consuelo personal de Él cuando me tambaleaba por el dolor. Yo seguía buscando la felicidad en todas partes, y algunas veces la encontraba; pero el gozo verdadero era bastante distinto: era mucho más profundo y duradero. La verdadera clave fue soltarme. No simplemente pedir alivio mediante un arreglo parcial de los problemas, sino de verdad disolver mi capacidad de incluso tener respuestas o habilidades para hacer algo; estar dispuesta a hacer todo lo posible con cualquier recurso que Él me hubiera dado para su plan. Yo me rendí a mí misma a Cristo.

2. *Necesitaba rendir a Mark a Cristo*. Mediante aquella situación sencillamente aprendí que no podía garantizar que él se

quedara y me amara. No podía controlar su comportamiento ni su disponibilidad para ser completamente honesto conmigo. Podía decidir volver a confiar, pero en verdad la confianza se edifica sobre el comportamiento consistente de un día tras otro; y yo tampoco podía controlar eso. No podía saber con seguridad que conociera todos los detalles de su comportamiento, y llegó un punto en que tuve que rendir a Dios esa necesidad de saber. Necesitaba entregar a Cristo la vida de Mark y confiar en que si poníamos de nuestra parte para amarnos el uno al otro de la forma en que Él nos ama, Él hallaría la manera de restaurar la intimidad que deseábamos.

3. *Entregué a Cristo los sueños que yo tenía sobre nuestro matrimonio.* Había muchas de esas fantasías: que mi "héroe" se ocupase de mí, tener unas exitosas carreras, ser padres perfectos, tener dinero para hacer todo lo que quisiéramos, ser líderes en nuestra iglesia. Cuando la tragedia de la adicción sexual y las pérdidas subsecuentes golpeó nuestras vidas, era fácil quedarse en el dolor de una vida que había sido "desperdiciada". Después de años de luchar para volver a tener lo que yo creía que había perdido, rendí nuestro matrimonio a Dios con gran ilusión por lo que Él hubiera escogido que nosotros hiciésemos. La nueva visión que Él ha estado poniendo en su lugar es increíble. Él está juntando nuestras vidas para ministrar a su pueblo herido, y está usando nuestro dolor con ese propósito. ¡La vida de la que yo me había intentado ocultar debido a todo el dolor, se estaba convirtiendo en la que Él quería usar! Era tiempo de rendirse.

LOS SIETE DESEOS DEL CORAZÓN

El siguiente paso de transformación para nosotros ha sido comprender las necesidades el uno del otro y cómo ser verdaderamente siervos el uno del otro respecto a ellas.

Yo había llegado a mi boda con muchas necesidades que Mark debía suplir. Yo no era muy alegre, y por eso necesitaba que él fuese divertido. Yo no era muy extrovertida, y por eso me encantaba que él amase a la gente. Yo no me sentía muy cómoda con el sexo, y por eso era algo estupendo que él si lo estuviera. Yo anhelaba una vida más espiritual, y por eso era perfecto que Mark entrase al ministerio. Yo trabajé mucho para comprender todos esos problemas y hallar sanidad para mí misma, para que así nuestra pareja no tuviera solamente el propósito de satisfacer lo incompleto de mí. También he llegado a descubrir que durante aquel tiempo, Mark también necesitaba que yo fuese ciertas cosas seguras para él. Ambos esperábamos que el otro nos completase de las maneras equivocadas.

Hoy día, sé que sí nos completamos el uno al otro si somos capaces de ministrar a algunos deseos muy básicos que los dos tenemos. Sé que tenemos todas las diferencias que tienen los hombres y las mujeres, pero en el núcleo de nuestras almas tenemos mucho en común. No importa lo imperfectos que hubieran sido nuestros pasados; seguiríamos teniendo esos "deseos de nuestro corazón".

El primer "deseo del corazón" es ser *escuchada*. Cuando puedo expresar un sentimiento o una necesidad, me siento atendida y alimentada si soy escuchada. En mi familia, mis padres se querían mucho, pero rara vez hablábamos de asuntos emocionales. Había momentos en que me sentía sola, confundida o herida, y no sabía con quién hablar; así que aprendí a quedarme callada. No podía realmente esperar que Mark, o cualquier otra persona, me "escuchara" hasta que yo aprendiese primero a hablar acerca de mis sentimientos y mis necesidades. Yo llevé a nuestro matrimonio años de querer ser escuchada y comprendida.

Otro deseo es el de sentirse *físicamente segura*. Necesitamos sentirnos seguros el uno con el otro para poder así ser vulnerables el uno con el otro. Yo descubrí que necesitaba de verdad que Mark fuese nuestro sustento, el líder en nuestro matrimonio, y también descubrí que ha sido mejor darle ánimos que criticarlo. Cuando hacemos eso el uno por el otro, comenzamos a ver cómo nuestra pareja trabaja como "equipo".

El siguiente deseo que tenemos es el de ser *afirmadas*: tengo la necesidad de ser apreciada por las cosas que hago y por lo que soy. Muchas mujeres llegan a tener mucho estrés por intentar hacer cosas para todo el mundo y poder así sentirse afirmadas. De igual manera, yo tengo que afirmar a otros. Descubrí que Mark anhelaba que yo le dijera el mismo tipo de palabras.

También deseamos ser *halagadas*: ¡ser amados sencillamente por lo que somos! Algunas veces quiero que Mark simplemente esté contento de que yo esté cerca, que sonría cuando me ve entrar en la habitación y que me diga que está contento de que yo esté ahí. Descubrí que, también para Mark, muchas de las cosas que hacía se debían a su necesidad de encontrar halagos en alguna parte. Hoy día trabajamos mucho para afirmarnos y halagarnos el uno al otro.

Otro deseo es el de ser *tocadas*. Desde que somos bebés hasta que morimos, necesitamos el toque. Desgraciadamente, muchas parejas no saben cómo darle eso al otro sin que haya algún tipo de connotación sexual. Eso era así para Mark; se moría por que lo tocasen, pero no sabía cómo expresar su necesidad. Tuvo que hacer un gran esfuerzo para que yo supiera que lo único que quería era tomar mi mano, o abrazarme, y que no eso tenía nada que ver con el sexo. He descubierto que ser tocada de esa manera me ha dado libertad para ser consciente de mi propia sexualidad. Cuando lo único que hacíamos como pareja era seguir el patrón de Mark como quien siempre iniciaba y yo como quien siempre se defendía, no había lugar para que ninguno de los dos disfrutase realmente del toque. El toque es una necesidad de conectar con calidez, y no de ser solo sexual.

Yo deseo ser *deseada apasionadamente*: ser el único amor de la vida de Mark. Todos nosotros, incluyendo a Mark, sencillamente queremos ser la única persona que haya en la vida de nuestro cónyuge. En nuestra cultura actual, obsesionada por el sexo, hacemos muchas cosas para ser "deseables". Hemos aprendido que el deseo del uno por el otro es mucho más que sexual; nos deseamos los unos a los otros emocionalmente y espiritualmente. Queremos ser el mejor amigo el uno del otro. Hay cosas que solamente nosotros compartimos, incluyendo todos los acontecimientos de treinta y tres años de matrimonio.

Por último, tengo el deseo de ser *incluida*: sentirme querida e invitada en las áreas importantes del mundo de Mark. Desde que era una niña pequeña, quería ser parte de la vida de alguien y buscaba la relación con Dios y con los demás. Ninguno de nosotros necesita estar haciendo simplemente "lo suyo". Los dos tenemos nuestras propias vidas, dones y talentos, pero en la actualidad buscamos incluirnos el uno al otro en todo lo que hacemos.

A medida que hemos sido capaces de ministrar a los deseos básicos del corazón del otro, ¡nuestra intimidad ha aumentado y hemos visto transformada nuestra relación!

Sabemos que pasamos por ciclos de reaccionar el uno frente al otro. Cuando Mark hace algo que me hace a mí dispararme, respondo de cierta manera. Puede que él ni siquiera sepa que lo está haciendo, pues puede haber muchas cosas simbólicas que me recuerden varias heridas del pasado. Entonces vuelvo a ser como una niña herida, y me vuelvo silenciosa y distante. Mi respuesta, entonces, hace que él se sienta perdido y abandonado; y comenzamos el baile de distanciarnos el uno del otro y de intentar descubrir cómo curar nuestra frustración, soledad o enojo. Si diseccionamos los lugares donde nos hemos quedado estancados, siempre podremos encontrar un deseo del corazón que debe ser alimentado. Sabemos que no siempre podemos ser el que ame de forma perfecta o el que proporcione compañía continuamente. Hemos aprendido a recurrir a comportamientos y personas saludables para satisfacer esos deseos en esos momentos. Pero lo que escogemos, a medida que avanzamos hacia una mayor transformación, es ser almas gemelas tanto como podamos.

PERMITIR QUE MI DOLOR SEA EL DOLOR

Durante las primeras semanas y meses después de reconocer los enormes e hirientes problemas de la adicción sexual de mi esposo, mi dolor parecía romperme el corazón. Literalmente, es un sentimiento que nunca olvidaré. Lloré durante meses, me lamenté durante muchos otros preguntándome cómo podría alguna vez recuperarme de la vergüenza y la pérdida en mi vida. Me aislaba todo lo que podía porque pensaba que la gente, sin duda, no querría estar conmigo. Estaba llena de pena, confusión y desesperación.

De todos esos sentimientos surgió vida para mí. He sido transformada en una mujer nueva, una esposa más amante, una mejor mamá, una jefa más compasiva y una amiga más generosa y comprensiva. Me ha tomado demasiado tiempo, quizá, ver que Dios usa ese dolor para conectarme con otras personas que también sufren. Ha sido en mi quebrantamiento donde he sido capaz de aceptar amor y de dar amor. Es en mi debilidad donde he sabido lo que significa el amor de Dios y donde he podido finalmente rendir mi vida a Él. Es en esta oportunidad de crecer desde el dolor cuando he reclamado que los frutos de su Espíritu sean míos: amor, gozo, paz, paciencia, benignidad, bondad, fe, mansedumbre, templanza (Gálatas 5:22-23).

En Mateo 11:28-30 Jesús dijo que todos los que estuviéramos cargados deberíamos ir a Él, y luego dice que deberíamos tomar su yugo y su carga. A mí nunca me gustó mucho esa parte, pero hoy día la comprendo. Al igual que Dios estuvo dispuesto a hacerse hombre y experimentar todo nuestro dolor y pecado, mi dolor es la manera en que puedo conectar con Dios y con los demás. Mi dolor es el dolor de toda la humanidad. Hay muchas de nosotras que luchamos con lo mismo de la misma manera. Si nos rindiésemos a Cristo y compartiésemos nuestro dolor a pesar de nuestro temor a lo que otros puedan pensar, descubriríamos que nos volvemos más cercanos. Cuando volví a recuperar mi vida "normal" hace años, estaba sola. Desde que me he permitido a mí misma aceptar mi dolor, he conocido una intimidad con Dios y con los demás que nunca antes había conocido. Nunca habría conocido la plenitud de la vida si no hubiera tenido sueños rotos. También sé que Dios siempre me amará, me guiará, y proveerá para mí si le permito que lo haga. Sus bendiciones continúan fluyendo mucho más abundantemente de lo que yo podría haber deseado jamás.

ACERCA DE LA AUTORA

Después de veinticinco años de dirigir su propio negocio, Deb Laaser se ha unido a su esposo, Mark, en su ministerio. A través de Faithful and True Ministries (Ministerios Fiel y Verdad), enseña, habla, escribe y aconseja acerca de la integridad sexual. El viaje personal de Deb y Mark a través de la recuperación de la infidelidad sexual comenzó en el año 1987 y les ha proporcionado experiencias y esperanza que comparten con otras personas que luchan con este problema. Los Laaser tienen tres hijos.

VERSÍCULOS QUE INSPIRAN

"Por la misericordia de Jehová no hemos sido consumidos, porque nunca decayeron sus misericordias. Nuevas son cada mañana; grande es tu fidelidad" (Lamentaciones 3:22-23).

"Y el Dios de esperanza os llene de todo gozo y paz en el creer, para que abundéis en esperanza por el poder del Espíritu Santo" (Romanos 15:13).

"Dios es nuestro amparo y fortaleza, nuestro pronto auxilio en las tribulaciones" (Salmo 46:1).

"Cosas que ojo no vio, ni oído oyó, ni han subido en corazón de hombre, son las que Dios ha preparado para los que le aman" (1 Corintios 2:9).

"Amo a Jehová, pues ha oído mi voz y mis súplicas... Me rodearon ligaduras de muerte, me encontraron las angustias del Seol; angustia y dolor había yo hallado. Entonces invoqué el nombre de Jehová, diciendo: Oh, Jehová, libra ahora mi alma. Clemente es Jehová, y justo; sí, misericordioso es nuestro Dios. Jehová guarda a los sencillos; estaba yo postrado, y me salvó" (Salmo 116:1, 3-6).

"Bienaventurado el varón que soporta la tentación; porque cuando haya resistido la prueba, recibirá la corona de vida, que Dios ha prometido a los que le aman" (Santiago 1:12).

Conversación, toque y ternura en el matrimonio

CARRIE OLIVER

La mujer virtuosa es corona de su marido;
mas la mala, como carcoma en sus huesos.
PROVERBIOS 12:4

En el principio creó Dios el mundo, y se gozó en gran manera en su creación. Entonces decidió crear al hombre y a la mujer. "Y creó Dios al hombre a su imagen, a imagen de Dios lo creó; varón y hembra los creó" (Génesis 1:27). Más adelante leemos más detalles sobre por qué y cómo creó Dios a la mujer.

"No es bueno que el hombre esté solo; le haré ayuda idónea para él" (Génesis 2:18). Así, Dios creó a la mujer para que tuviera una relación con el hombre: para que fueran uno, para que fuese su ayudadora. Desde el principio del tiempo, cuando Dios declaró "bueno" todo lo que había creado, Él estableció que el matrimonio fuese la relación fundamental y máxima entre dos personas. Aun así, no tenemos que mirar muy lejos para ver que lo que Dios una vez declaró como bueno se ha deteriorado. Las cosas buenas sencillamente no ocurren en muchas relaciones maritales.

A la mayoría de las mujeres les gustaría tener una relación íntima y cercana con su esposo. Anhelan que las comprendan, compartir sus sentimientos, que las aprecien y sentirse cerca de alguien emocionalmente. Hay una historia estupenda que me encantaría contar y que ilustra lo que quiero decir.

Hubo una vez un esposo que sentía que su esposa no podía comprender todas las cosas de las que él tenía que ocuparse en su trabajo; oró, pues, y le pidió a Dios que cambiase los papeles de ambos como esposo y esposa. Bien, en efecto, Dios escuchó su oración y a la mañana siguiente él se despertó como la esposa, y ella se había convertido en él.

Él le dio un beso de despedida y ella se marchó al trabajo de él, mientras que él comenzaba anhelante su día en el papel de esposa. Preparó el desayuno para los niños y les llenó las mochilas de paquetes para la hora de la comida. Los metió en la camioneta, recogió a los demás niños a los que también llevaba, y los llevó a todos a la escuela. Después se ocupó de varios recados. Se detuvo en la tintorería y en el banco, y luego en las compañías de electricidad y teléfono; seguidamente pasó por el supermercado para comprar algunas provisiones, las llevó a su casa, las descargó y las guardó. Después, separó la ropa para lavar en dos montones: lo blanco y lo de color, e hizo varias coladas.

Luego hizo las camas, pasó la aspiradora, limpió el polvo, y barrió y fregó los pisos. Casi sin darse cuenta, llegó el momento de recoger a los niños de la escuela. Condujo el auto atravesando la ciudad, metió a los niños en el auto, y zanjó las peleas que se produjeron de camino a casa. Ya en casa, les preparó algo de comer y luego los puso a hacer las tareas de la escuela mientras que él preparaba la cena.

Mientras tanto, su esposa regresó a casa del trabajo, se sentó en su sillón favorito y leyó la página de deportes. Cuando la cena estuvo lista, la familia se sentó a la mesa y compartieron una estupenda comida. El esposo lavó los platos, organizó los turnos de ducha y acostó a los niños. Llegados a ese punto, ¡él estaba agotado! Y aun cuando él no había terminado todas las cosas que su esposa solía completar en un día, estaba más que listo para irse a la cama. Así que, se metió en la cama, agradecido de poder descansar un poco. Pero en mitad de ese dramático cambio por el cual él había orado, su esposa recibió toda la testosterona que él tuvo una vez, ¡y por eso realmente no pudo irse a dormir tan pronto como hubiese querido!

A la mañana siguiente, cuando despertó, se puso de rodillas y le pidió a Dios que los volviera a transformar para que realizaran sus papeles originales.

—Bien—dijo Dios en respuesta a su petición—, me agradaría

hacerlo; y si puedes esperar nueve meses, lo haré. Pero la cuestión es que anoche te quedaste embarazada".

Aunque puede que las mujeres se rían de lo exagerado de esta historia, si somos sinceras tendríamos que admitir que nosotras mismas hemos albergado esa fantasía. No se trata solamente de las obligaciones o las luchas que nos gustaría que nuestros compañeros comprendieses, sino que desearíamos que ellos conocieran nuestros sentimientos, comprendieran mejor nuestra forma de ser y se dieran cuenta de lo mucho que anhelamos un nivel más profundo de intimidad con ellos.

A todas las mujeres les encantaría tener un mejor matrimonio: una mejor relación con su cónyuge. Sin embargo, dos tercios de todos los divorcios que se producen en los Estados Unidos son solicitados por mujeres. Un artículo reciente en la revista *Time* destacaba que hay más mujeres que están tomando la decisión de abandonar sus matrimonios debido a que se sienten cada vez más solas e insatisfechas. Además, esas mujeres creen que el matrimonio no les va a proporcionar lo que necesitan y, por tanto, o terminan con la relación o acuden a otros lugares para que sus necesidades sean suplidas.

A pesar de cuáles sean las estadísticas y a pesar de cuál sea su situación, es posible experimentar una satisfacción mayor en su matrimonio. Usted no tiene que conformarse con la mediocridad o con la segunda mejor opción. Puede comenzar ahora mismo a cambiar su perspectiva y experimentar el tipo de relación que Dios quiso que usted y su esposo tuviesen.

PASOS PARA UNA INTIMIDAD MAYOR

La típica mujer casada se sitúa en una de estas tres categorías:

1. Usted está bastante contenta con su relación matrimonial, pero tiene el sentimiento de que quizá pudiera ser mejor. Le gustaría ver que usted y su esposo se comunican mejor y que también abordan el conflicto de maneras más constructivas.

2. No está usted muy emocionada con su matrimonio en este momento. Ha intentado hacer unas cuantas cosas para mejorar su relación, pero no ha habido ningún cambio significativo.

3. Usted está lista para abandonar. Está convencida de que lo ha intentado todo: ha asistido a seminarios sobre el matrimonio, ha leído manuales sobre el matrimonio e incluso ha asistido a sesiones de consejería. Ha intentado tener una cita nocturna semanal y aun se ha esforzado por entrar en el mundo de él uniéndose a algunas de las actividades que a él le gustan. Pero después de todos esos intentos, sigue sintiéndose sola y cansada, desconectada y en soledad.

Si se encuentra usted en la tercera categoría, tengo una palabra especial de aliento. Según las investigaciones, no sólo los buenos matrimonios pueden marchar mal, sino que también los malos matrimonios pueden marchar bien. En el año 1988 se les pidió a 13,000 parejas que evaluaran su matrimonio en una escala de muy infeliz hasta muy feliz. Cinco años después, las parejas que habían evaluado su matrimonio como muy infeliz pero siguieron orando juntos, se habían convertido en el 86% que dijo que su matrimonio era feliz o muy feliz.

Casi todas las mujeres que he conocido tienen el deseo de una mayor intimidad con sus esposos. Este deseo es una necesidad que Dios ha puesto en cada una de nosotras. Naturalmente, es tentador mirar a otro lugar e imaginar que nuestras necesidades son suplidas; sin embargo, a pesar del lugar al que nos volvamos —otro hombre, comida o compras—, todos ellos nos dejarán insatisfechas. Esto se debe a que Dios nos diseñó para que encontráramos la satisfacción en nuestro matrimonio. Estos son unos sencillos pasos para ayudarle a realizar una conexión fresca con su esposo, dando como resultado, así, una mayor intimidad y un matrimonio más satisfactorio.

PASO UNO:
CULTIVAR UNA INTIMIDAD MÁS PROFUNDA
CON DIOS

En primer lugar, renueve su perspectiva global cultivando un nivel de intimidad más profundo con Dios. Cuando nos desanimamos con nuestros esposos, tendemos a enfocarnos en el problema y, cuando esto ocurre, es difícil ver alguna solución constructiva. Todas sabemos que nuestra relación con Dios es importante y, sin embargo, el dolor y la desilusión en nuestro matrimonio a menudo pueden desviar nuestra atención de la fortaleza interna que Dios nos dio para mantener una intimidad con Él. Pregúntese: ¿Cuándo fue la última vez que tuve un encuentro con Dios tan profundo que mi vida cambió de alguna manera?

Un encuentro que yo siempre recordaré tuvo lugar cuando yo estaba en mi último año en el Seminario en Denver. Al igual que la mayoría de los alumnos graduados, yo dejaba todas mis clases más difíciles para el último año. En una de ellas, mi tarea era la de redactar un estudio de investigación sobre el Sermón del Monte. Afortunadamente, mi esposo tiene una amplia biblioteca, así que examiné con detenimiento sus libros y descubrí la serie en dos tomos del Dr. Martín Lloyd-Jones titulada *El Sermón del Monte*. A medida que investigaba, pensé en las palabras del Dr. Jones acerca de lo que significa ser quebrantado, una situación que yo realmente no había considerado nunca en mi relación con Dios. Mientras escribía el trabajo, Dios me llevó a pensar en lo que significa tener hambre y sed de justicia y lo que significa tener un corazón puro.

En principio yo pensé que iba a redactar un trabajo sobre el Sermón del Monte, pero Dios me obligó a leer las Bienaventuranzas para cambiar mi actitud en el área de las relaciones. Las oraciones de las Bienaventuranzas se convirtieron en un conducto entre Dios y yo que cultivaron en mí el deseo de Él. Cuando tenemos intimidad con nuestro Creador, nuestra vida de oración se transforma y nuestra adoración a Él se hace más profunda. Cuando escojamos cambiar nuestra perspectiva y cultivar una intimidad creciente con Dios, comenzaremos a reconocer su presencia en nuestra vida de maneras nuevas y poderosas.

Dios no nos diseñó para ser criaturas inactivas y estancadas. Fuimos formadas para crecer, cambiar y ser semejantes a Él.

Dios no nos diseñó para ser criaturas inactivas y estancadas.

Fuimos formadas para crecer, cambiar y ser semejantes a Él. Este proceso se llama santificación. Ahora bien, si está usted pensando: *Yo no soy quien necesita cambiar en su relación, más bien es mi esposo*, entonces quizá no esté usted abierta al cambio. Si es ese el caso, usted no va a crecer; y si no crece, se marchitará por dentro y morirá emocionalmente y espiritualmente. El proceso de crecimiento comienza con nuestra relación con Jesús y después continúa en las demás relaciones con nuestro cónyuge, nuestros hijos y nuestros amigos.

BARRERAS QUE DIFICULTAN EL CAMBIO

Hay, sin embargo, varias barreras que pueden evitar que usted crezca y cambie:

1. *Siente que es usted un fracaso.* Quizá una experiencia del pasado le haya hecho sentirse terriblemente decepcionada. Eso evita que usted avance y crezca. A menudo se siente "estancada".

2. *Lucha con la necesidad de controlar.* Usted es organizada y estructurada, pero lo que evita que cambie y crezca es su necesidad de imponer su estructura y su organización a otras personas. Una fuerte necesidad de controlar se expande hasta sus sentimientos, y usted no permite que Dios entre en su proceso emocional. Todo en su vida está tan controlado que evita el crecimiento.

3. *Tiene un problema con el orgullo.* El orgullo afirma: "¡Es culpa de todos los demás!". Recuerde el viejo dicho: "Cuando señalas a alguien, hay tres dedos que te señalan a ti mismo".

Enfocarse en los defectos de los demás cultiva nuestro orgullo, y nos exaltamos aún más a nosotras mismas, lo cual entorpece el crecimiento.

4. *Lucha con el egoísmo.* Usted quiere las cosas a su manera y no ve las necesidades de los demás. El orgullo y el egoísmo a menudo van de la mano. Cuando nos enfocamos en el "yo", llegamos a consumirnos con nuestras propias necesidades y a menudo negamos, o satisfacemos a regañadientes, las necesidades de los demás. Esto puede hacer que se sienta sola e infeliz debido a que se centra en usted misma en lugar de centrarse en Cristo o en los demás.

5. *Es usted insegura.* Como resultado, hace responsables de su propia felicidad a todas las demás personas. Esto pone mucha presión sobre los demás, ya que no hay nadie, excepto Cristo, que pueda satisfacer todas las necesidades que usted tiene. En un principio esperamos que los demás alcancen la perfección, lo cual los predispone para el fracaso. Y cuando ellos nos decepcionan (porque lo harán), nos sentimos devastadas. Quedarse dentro de este círculo no permitirá que haya crecimiento, pues cultiva el estancamiento.

6. *Tiene ira y amargura no resueltas.* No hay nada de malo en enojarse, pero si no destapa la fuente de esa ira, al final se convertirá en amargura. Cuando está usted amargada, su corazón es incapaz de ser compasivo o perdonador. Cuando esto ocurre, usted se mantiene centrada en las injusticias —que usted percibe— contra su yo, con poca energía para reparar su matrimonio.

El cambio es difícil y puede ser doloroso. Pero un tipo diferente de dolor se produce cuando dejamos de cambiar de la forma que Dios quiere que lo hagamos. En última instancia, experimentaremos mucho más sufrimiento si eludimos los dolores necesarios para el cambio. Cuando estamos comprometidas a crecer, permanecemos abiertas al poder transformador de Dios en nuestras vidas. ¿El resultado? Liberamos la necesidad de cambiar a los demás, lo cual nos permite centrarnos en la obra de Dios en nosotras. Y cuando usted permite que Dios obre en usted, a pesar de lo que ocurra en su matrimonio, puede usted pararse delante de Dios y saber que —lo primero y lo principal— usted le ha rendido cuentas a Él.

En mi propio matrimonio, Dios me cambió en maneras que yo nunca creí posibles antes de pasar por la incomodidad del cambio. Él suavizó mi corazón para permitirme ver cosas de una forma nueva y fresca. Yo le insto a que cultive una intimidad con su Señor Jesucristo. Él es el principio de toda relación y la razón de nuestra existencia.

PASO DOS:
REDEFINA SU RELACIÓN CON SU ESPOSO

El segundo paso es redefinir su relación con su cónyuge. Esto requiere una nueva perspectiva, un "ajuste de actitud" hacia su esposo, lo cual le permitirá verlo bajo una luz diferente. Cuando perdemos la esperanza, nuestra perspectiva se vuelve distorsionada y es fácil desarrollar un espíritu crítico. En su libro, *Seven Principles for Making Marriage Work* (Siete principios para hacer que el matrimonio funcione), John Gottman cita un estudio que muestra que un importante indicador de divorcio se produce cuando las interrelaciones negativas de una pareja superan a las positivas. Al contrario, cuando nos centramos en lo que es bueno, correcto y útil en nuestro matrimonio, se produce una mayor cercanía entre la pareja y se fomenta una relación positiva. No siempre es fácil ver a su esposo a través de unas nuevas lentes, pues eso implica dejar a un lado los errores del pasado que puede que requieran perdón, pero puede dar valor a su relación de maneras nuevas y revitalizantes.

Tanto en mi consulta de consejería como en mi hogar, me gusta utilizar la técnica llamada "como si en principio". La forma en que funciona es tratando a las personas que están en nuestra vida —como nuestro esposo, por ejemplo— como si ya tuvieran los atributos que queremos que tengan. Los tratamos como si fuesen buenos comunicadores; los miramos y esperamos que sepan escuchar; los consideramos como buenos amigos; los tratamos como si de verdad se preocupasen por la relación. Cuando utilizamos este principio con las personas que conocemos, ellos, con el tiempo, comienzan a alcanzar el nivel de esos atributos. De modo contrario, cuando tratamos a las personas de manera negativa, ellos tienden a darse por vencidos con respecto a ellos mismos o a la relación, probablemente quedándose por debajo del estándar que fijamos para ellos.

Quizá tenga usted una perspectiva negativa de su esposo. Quizá él haya dicho o hecho cosas que la hayan herido una y otra vez, y aunque le haya perdonado, sigue usted viviendo con los efectos secundarios de un corazón herido. ¿Qué puede usted hacer para conquistar esta perspectiva? Acepte el hecho de que él es realmente diferente a usted. Los hombres abordan las cosas de una forma totalmente distinta a las mujeres, y hay literalmente cientos de libros en el mercado que explican esas diferencias. Nosotras esperamos que respondan a las circunstancias de la forma en que lo haríamos nosotras y, cuando no lo hacen, desarrollamos un panorama negativo de ellos. Pensamos: *Si de verdad me ama, hará esto*, y cuando él no lo hace, alimentamos nuestra negatividad con el combustible de las expectativas fallidas. Tenga en mente que *diferente* se define como "ser distinto". Pero nosotras interpretamos que *diferente* significa *equivocado*. Olvidamos que Dios hizo a nuestros esposos muy diferentes a nosotras; de hecho, la *intimidad* en realidad se define como dos personas por separado que se unen en una; no son dos personas que se convierten en lo mismo. Y sin embargo, frecuentemente queremos moldear a nuestro cónyuge para que se parezca a nosotras. Este enfoque causará fracaso. Nuestro cónyuge se resiste naturalmente a conformarse a nuestra semejanza, porque él no es así. Dios tenía en mente algo muy diferente para él.

En mis primeros años con Gary, yo nunca consideraba nuestras diferencias como hombre y mujer. Cuando surgían conflictos debidos a esas diferencias, yo pasaba mucho tiempo centrándome en la forma en que él tenía que cambiar lo que había hecho y que era erróneo. Entonces Dios, en su infinita sabiduría, me dio tres hijos, que me obligaron a aceptar las diferencias contra las que yo había luchado en otros hombres en mi vida. Como yo tengo solo dos hermanas, cuando me casé no tenía mucha perspectiva en cuanto a las drásticas diferencias que hay entre el hombre y la mujer. Aun cuando todas las personas comparten algunas similitudes, globalmente somos bastante diferentes. Considere, por ejemplo, esta cita del libro de Gary y mío, *Raising Sons and Loving It* (Cómo educar a los varones y disfrutarlo):

> Aquí están algunas de las percepciones equivocadas más comunes que las mujeres podrían tener con respecto a los hombres. Los hombres no comparten sentimientos o emociones. Los hombres parecen entrar en trance cuando están viendo deportes o cuando surgen ciertos temas, como por ejemplo que ellos no pueden ocuparse de más de una cosa a la vez. Los hombres parecen pensar que pueden hacer las cosas mejor, aun cuando no pueden. Los hombres necesitan más sensibilidad, preocupación, compasión y empatía. Los hombres están tan implicados en su trabajo y su carrera que quieren una familia, pero en realidad no quieren estar implicados. ¿Piensan en alguna otra cosa que no sea el sexo?

Bien, los hombres tienen su propio conjunto de quejas sobre las mujeres. Las mujeres son demasiado emotivas; necesitan ser más lógicas. Las mujeres son demasiado sensibles, y siempre tienen heridos sus sentimientos. Las mujeres son tan variables que nos gustaría que pudieran decidirse. Quizá las mujeres piensen que nosotros somos capaces de leer las mentes, pero en realidad no lo somos. Y de todas maneras, ¿qué hay de malo en el impulso sexual? Las mujeres creen que tienen el don espiritual de poder cambiar a los hombres. Las mujeres se implican mucho con otras personas y sus problemas. De hecho, las mujeres son variables y negativas. Simplemente, uno no puede satisfacerlas.

Cuando una pareja aprende que ese tipo de frustraciones son respuestas normales a las diferencias de género, pueden entonces comenzar a aceptarse el uno al otro en lugar de intentar cambiarse el uno al otro. Un artículo reciente afirmaba que las mujeres podrían ser menos felices en sus matrimonios debido a que una esposa llega a la relación con muchas más expectativas diferentes de lo que lo hace el esposo. Y una de las mayores expectativas es que su esposo quiera el mismo tipo de relación que ella quiere. La verdad es que rara vez los hombres hacen cualquier cosa de la forma en que la hacemos nosotras. Ellos no entablan las amistades de la forma en que nosotras lo hacemos, ni se comunican como nosotras; de hecho, ellos hacen muy pocas cosas igual que nosotras.

Para la mayoría de las mujeres, las relaciones tienen gran valor. Yo he aprendido que solo porque yo valore una relación, no significa que yo vaya a definir cómo funciona para las demás personas involucradas. Como resultado, cuando pienso en mi relación con Gary, lo hago de maneras nuevas. Estamos comenzando a volver a escribir una definición de nuestra relación y de nuestra "pareja".

PERSPECTIVA SOBRE LA MENTE DEL HOMBRE

Las siguientes perspectivas acerca de los hombres le ayudarán a volver a pensar en su relación. Globalmente, los hombres están orientados hacia el logro, enfocados hacia la solución y hacia las metas. Eso no significa que una mujer no pueda tener metas, ser competitiva o disfrutar del éxito, pero la mayoría de las mujeres no obtienen su sentido de auto estima de esas tres clases de cosas, como sí hacen los hombres.

Cuando su esposo, pues, regrese del trabajo o tengan oportunidad de charlar, no le pregunte cómo sintió que fue su día sino pregúntele si logró las cosas que se había propuesto hacer en ese día. O antes de que se vaya al trabajo, pregúntele cuáles son sus metas para ese día; de esta forma, le está hablando en un idioma que él comprende bien. Cuando usted haga esto, comenzará a descubrir una manera nueva y fresca de conectar con él.

Los hombres son también más aptos para comunicar información en lugar de sentimientos. De hecho, los hombres generalmente se apartan cuando se enfrentan a los sentimientos, en especial si están centrados en el conflicto. Probablemente esto no le cause sorpresa a una mujer casada, pero aún sigue queriendo compartir sus sentimientos con su esposo y también escuchar cuáles son los de él. Sin embargo, usted tiene que evitar abrumar a su esposo con una amplia variedad de sentimientos; mientras que su mejor amiga podrá abordarlos, su esposo puede que se sienta perdido en cuanto a cómo reaccionar. Por ejemplo, cuando usted le dice: "El teléfono no ha dejado de sonar, esta casa es un desastre, los niños me están volviendo loca, me estoy volviendo chiflada, y no estoy segura de poder aguantar lo que queda de día", puede que él tenga dificultades para procesas todos esos sentimientos y experiencias al mismo tiempo. En su lugar, intercambie con él un sentimiento cada vez, como: "Estoy triste" o "me siento frustrada". Tenga en mente también (debido a que él se enfoca en la solución y se orienta hacia la meta) que él va a querer remediar sus problemas. Hágale saber de antemano que usted solo quiere que la escuche; desde luego, puede que él se quede sin saber cómo reaccionar. Algunas veces si me siento triste, puede que le pida a mi esposo que ore por mí; o si me siento abrumada, puede que le pida que haga algún recado. Pero le comunico un sentimiento cada vez y después le pido que haga algo que me ayude; de esta forma, he comunicado mis sentimientos, pero de una manera que es más adecuada para él.

Otra área de intimidad que significaría mucho para las mujeres es que sus esposos compartan sus sentimientos. Sin embargo, los esposos —y los hombres en general— no se enfocan en la manera en que se sienten durante el día. Necesitamos tener esto en mente. Considere esta cita de *Raising Sons*, ya que incumbe a un hombre y sus sentimientos:

> Las esposas que quieren comprender a sus esposos emocionalmente, probablemente debieran renunciar a esperar lograrlo a través de largas y relajadas horas de charla acerca de los sentimientos. No empuje a su esposo a que hable acerca de sus sentimientos. Si usted saca el tema de sus sentimientos y él no responde, quizá en ese momento sea bueno dejar de hablar de ello. Usted puede hacer que su esposo en realidad se sienta presionado o incómodo con el tema de preguntarle si quiere hablar de sus sentimientos. Hágale saber que está bien si él no quiere hablar en ese punto.

En los años en que he estado casada, he notado que cuando Gary está pasando por una situación emocional, a menudo se aparta; necesita espacio. En lugar de preguntarle acerca de sus sentimientos o preguntarle si hay algo que yo pueda hacer, le dejo solo. Entonces cuando parece que él se calma, utilizo esa oportunidad para intentar conectar con él. Puede que le pregunte si está bien, o que me diga con qué estaba batallando, o si Dios lo ha guiado en alguna dirección en particular. Pero intento centrarme más en el proceso que en sus sentimientos y, a medida que lo hago, escucho lo que él me dice. Puede que él nunca comparta abiertamente una emoción, pero yo discierno una corriente subterránea de sentimientos a medida que él comparte conmigo de la forma en que él se siente cómodo.

PASO TRES:
REINVIERTA EN SU ESPOSO

El tercer paso es reinvertir en su esposo escogiendo relacionarse con él en maneras que él encuentre significativas.

Casi toda pareja que veo en las sesiones de consejería quiere relacionarse el uno con el otro de maneras más sanas e íntimas. Aquí tenemos algunas maneras eficaces de nutrir y amar a su esposo que se relacionarán con él de forma significativa.

1. *Reconózcalo y anímelo.* Cuando he estado trabajando con una pareja durante unas semanas y hemos definido sus necesidades individuales, le pregunto al esposo: "¿Ha estado usted trabajando en los cambios que su esposa sugirió?". Inevitablemente,

él responderá: "Sí, he estado intentado hacer algunos cambios". Y cuando le pregunto a la esposa: "¿Ha notado usted sus cambios, y le está animando a medida que los hace?", ella a menudo dice: "No, no lo he notado".

Además de expresar con palabras su amor, observe a su esposo para comprender lo que a él personalmente le comunica amor.

bios, y le está animando a medida que los hace?", ella a menudo dice: "No, no lo he notado". Siempre me sorprendo ante esta respuesta, pero entonces me miro a mí misma y recuerdo que yo también me olvido de animar. Estoy tan centrada en mis tareas cotidianas y los problemas que han surgido, que me olvido añadir una nota positiva al final del día.

2. *Comuníquele su amor en maneras que le hagan sentirse amado.* Además de expresar con palabras su amor, observe a su esposo para comprender lo que a él personalmente le comunica amor. Gary se siente amado cuando yo escucho sus ideas y sus sueños. En los primeros años de nuestro matrimonio, yo le desanimaba diciendo: "Probablemente no podamos asistir a ese viaje, o no podemos hacer eso, o esa es una idea extraña". Yo soy mucho más el tipo de persona de "aquí y ahora"; no me proyecto hacia el futuro muy a menudo y, sin embargo, él se crece cuando sueña. Al final aprendí que lo que le comunica amor a él es cuando yo me siento, escucho, y le dejo que visualice sus sueños. Más de una vez he quedado sorprendida de lo emocionantes que son sus ideas.

Otra cosa que demuestra mi amor por Gary es cuando le apoyo en su papel como padre. Esta quizás haya sido una de las mayores áreas de conflicto en nuestro matrimonio. Cuando yo dejé de sugerir maneras en que él debería ser padre, Dios me mostró que yo nunca iba a ser un padre para nuestros hijos porque Él le había dado ese papel a Gary. En lugar de interferir en momentos inapropiados, he aprendido a apoyarlo cuando él toma decisiones como padre, lo cual le comunica amor a él. Gary también disfruta de tener tiempo a solas de vez en cuando; por tanto, yo demuestro mi amor por él cuando le dejo a solas y no interfiero. Además, él disfruta cuando yo escucho sus melodías del ayer sin criticarlas ¡ni llamarlas boberías! Una cosa de la que él realmente disfruta es de que le acompañe cuando hace submarinismo. Ha sido un desafío, porque a mí no me gusta mucho estar en aguas profundas con un tanque de oxígeno a mis espaldas. Pero usted tiene que pensar en su esposo. ¿Qué podría suponer un sacrificio que le comunicase a él su amor? Estúdielo, para sacar pistas; comprenda su forma de ser y "háblele" de maneras que se adecuen a su idioma del amor.

3. *Practique el poder del perdón.* Muy al principio de nuestro matrimonio a mí se me daba muy bien pedir disculpas. Cuando miro atrás, sin embargo, yo realmente quería armonía en lugar de restauración en aquel entonces. Buscar el perdón es un asunto del corazón, es darse la vuelta a propósito ante una infracción concreta y realizar la promesa de no hacer daño de esa forma nunca más. No es algo que simplemente se haga para restaurar la paz.

El verdadero perdón no dice: "Yo estaba equivocada, pero tú...". Dios le dará las fuerzas para admitir sus fracasos y errores, si usted se vuelve a Él. Considere estas ocho palabras: "Yo estaba equivocada. Lo siento. Por favor perdóname". Es un momento crucial cuando dejamos de centrarnos en los errores de nuestro esposo y, en lugar de eso, miramos los nuestros. Puede que en ese punto liberemos nuestro orgullo y aprendamos a perdonar.

Muchas de ustedes podrían estar preguntándose: "¿Experimentaré alguna vez aquello para lo que firmé cuando me casé con mi esposo?". Usted esperaba cercanía, un amigo, un compañero e intimidad. Yo creo que la mayoría de los esposos quieren también esas cosas. Nadie entra en el matrimonio para ser desgraciado. Puede que piense: *¿Tengo que hacerlo todo yo en esta relación?* Pero permítame preguntarle esto: ¿Cuánto éxito ha logrado al querer cambiar a su esposo para que sea alguien que usted quiere que sea? Si su matrimonio necesita una ayuda importante, no espere que él sea quien haga que ocurra. Enfóquese en la persona a quien usted puede cambiar: usted. Considere el Salmo 139:23-24: "Examíname, oh Dios, y conoce mi corazón; pruébame y conoce mis pensamientos; y ve si hay en mí camino de perversidad, y guíame en el camino eterno".

Le animaría a que examine su corazón y permita que Dios tenga un encuentro con usted para llevar a cabo una obra de transformación en usted. Dé esos pasos en este momento; haga el compromiso de crecer cultivando primero esa intimidad con Dios. Después desarrolle una nueva perspectiva con respecto a su esposo. Cambie esas lentes desgastadas y aprenda a relacionarse con él de maneras diferente y más significativas. Con el tiempo, conectarán el uno con el otro en un nivel mucho más profundo del que nunca hubieran pensado que fuese posible. No es demasiado tarde para el cambio, ni tampoco es demasiado tarde para renovar su corazón con esperanza. Y recuerde: es una esperanza que Dios originalmente quiso para usted y para su esposo.

ACERCA DE LA AUTORA

Carrie Oliver tiene una maestría en Consejería por el Seminario de Denver, y es consejera profesional licenciada por las clínicas PeopleCARE (filial de Center for Marriage and Family Studies) en la universidad John Brown. Carrie da conferencias acerca de lo que las mujeres pueden hacer para perseguir la verdadera y profunda intimidad deseada con sus esposos entendiendo lo que conduce a la buena comunicación, la intimidad física y la buena amistad.

VERSÍCULOS QUE INSPIRAN

"Tu mujer será como vid que lleva fruto a los lados de tu casa; tus hijos como plantas de olivo alrededor de tu mesa" (Salmo 128:3).

"El odio despierta rencillas; pero el amor cubrirá todas las faltas" (Proverbios 10:12).

"Goza de la vida con la mujer que amas" (Eclesiastés 9:9).

Más allá de la traición

❧

LAURIE SHARLENE HALL

Dios mío, Dios mío, ¿por qué me has desamparado?
SALMO 22:1

¿Recuerda a José, el hijo favorito de Jacob? (Puede leer su historia en Génesis 37-50). Él soñó que un día su madre, su padre y once hermanos se inclinarían ante él, y esto no sentó muy bien a los hermanos. "¿Quién se cree que es, de todas formas? Ya es bastante malo ser el niñito de papá; ¿y ahora quiere señorear sobre nosotros? Antes, los cerdos volarán"—se quejaban entre ellos.

Una cosa condujo a otra, hasta que los hermanos decidieron que le darían al pequeño José el ajuste de actitud que tanto se merecía. Cuando el comerciante de esclavos se llevaba a José encadenado, los hermanos se rieron. —¡Sigue soñando, esclavo egipcio! Los problemas de José acababan de empezar. Fue vendido junto con otros esclavos a un hombre llamado Potifar. Después de años de leal servicio, la esposa de su amo lo acusó falsamente de haberse insinuado a ella y lo encerraron en la cárcel. No sabemos cuánto tiempo estuvo en prisión, pero sí sabemos que tenía trece años cuando fue vendido como esclavo y treinta cuando fue finalmente liberado de la cárcel. Eso significa diecisiete años pasando algún tipo de desgracia.

Cuando leemos la historia de José en Génesis, no tenemos la impresión de que él batallase con la desesperación durante aquellos diecisiete años, pero el Salmo 105:16-19 cuenta el resto de la historia: "[Dios] Trajo hambre sobre la tierra, y quebrantó todo sustento de pan. Envió un varón delante de ellos; a José, que fue vendido por siervo. Afligieron sus pies con grillos; en cárcel fue puesta su persona. Hasta la hora que se cumplió su palabra, el dicho de Jehová le probó".

¿Lo agarró? Mientras que José estaba esperando que se cumpliesen las promesas de Dios, aquellas cadenas y grillos no sólo le cortaban los pies y las muñecas, también cortaban su misma alma. El hierro cruel le recordaba con burla que él ya no era el queridito de papá, ya no era aquel ante quien su familia iba a postrarse y a arrastrarse. No. Él era un esclavo: un hombre sin ayuda ni esperanza. Él seguía recordando la palabra de Dios para él, y nada de aquello por lo que estaba pasando tenía ningún sentido.

Finalmente, diecisiete años después de que comenzase el show del terror, fue liberado de la cárcel para poder interpretar los sueños de Faraón acerca de siete vacas gordas que eran devoradas por siete vacas flacas, y siete espigas llenas de trigo que eran devoradas por siete espigas menudas.

—Oh, Faraón, Dios le permite conocer lo que Él está a punto de hacer. Va a enviar siete años de abundancia seguidos de siete años de hambre—dijo José—, y esta es mi sugerencia: Tenga un administrador sabio que reúna el 20% de las cosechas de los siete años de abundancia y lo almacene en graneros. Así habrá comida durante los siete años de escasez.

Aquella interpretación y el consejo que la acompañaba no liberó a José de la esclavitud, pero sí que lo lanzó a ocupar el segundo lugar en el Gobierno egipcio. En esa posición, José saludó a sus hermanos, que nada sospechaban, cuando llegaron ante él años después y se postraron sobre sus rostros suplicando algo de grano. Volviéndoles la espalda, lloró. De repente, aquel sueño tan lejano tuvo sentido, pero hasta aquel preciso momento José nunca podría haber imaginado que resultaría de aquella forma. Durante diecisiete largos años, él se había agarrado a sus sueños con manos encadenadas mientras intentaba comprender la aparente contradicción entre las promesas de Dios y la realidad de sus circunstancias. Cuando él estaba allí de pie aquel día tan deseado, mirando a sus hermanos arrodillados, José entendió que el gozo arde con más fuerza después de que la esperanza haya entrado en la oscura agonía de la desesperación.

UN NEGOCIO ARRIESGADO

La esperanza requiere de nosotras que nos arriesguemos a confiar en que los sueños que Dios nos ha dado se harán realidad sin el fundamento de conocer con exactitud cómo se llevarán a cabo las cosas o cuándo llegará la resolución. Mientras tanto, los grillos hieren y magullan nuestros pies; las cadenas nos cortan las muñecas; y nuestras almas entran en el hierro.

Durante aquellos confusos y agonizantes años de esclavitud y encarcelamiento, José tuvo que seguir adelante; y seguir adelante requiere *mucha* energía. A menudo, esta energía viene a nosotras cuando recurrimos al gozo que creemos que experimentaremos cuando nuestras esperanzas finalmente se cumplan. Tenemos una "experiencia previa" de este gozo cuando visualizamos nuestras esperanzas llevándose a cabo de cierta manera. Cerramos nuestros ojos e imaginamos lo felices que seremos cuando nuestros hermanos finalmente nos acepten, cuando nuestro matrimonio sea restaurado, cuando nuestro hijo sea sanado, o cuando llegue nuestro ascenso en el trabajo. Nuestros corazones se elevan por encima del arco iris a medida que imaginamos el "algún día, en algún lugar". Refrescadas por el gozo, nos atrevemos a arriesgarnos un poco más de tiempo.

Cuando, a pesar de agotarnos por el esfuerzo de todo ello, somos vendidas como esclavas, el abuso continúa, nuestro hijo muere, o nos entregan la carta de despido, nos enfrentamos cara a cara con el hecho de que nuestra esperanza, tal como la habíamos visualizado tantas veces, nunca llegará. Desconcertadas, nos damos cuenta de que no hay ninguna olla de oro al final del arco iris para nosotras. La esperanza muere; el gozo se marchita; y entramos en la desesperación.

La desesperación produce un vacío. En medio de la desesperación, todo aquello que no es fundamental es tragado por el abismo. Este es el mayor regalo de la desesperación: Nos despoja de aquello que creemos importante para despertarnos a aquello que es esencial.

> *Este es el mayor regalo de la desesperación: Nos despoja de aquello que creemos importante para despertarnos a aquello que es esencial.*

DEJADAS EN LA ESTACADA

En medio de nuestra desesperación, puede que nos aferremos con nuestros labios a pasajes de la Escritura como Romanos 8:28, que nos dice que Dios hará que todas las cosas ayuden para bien a aquellos que le aman, pero en lo profundo de nuestro corazón nos preguntamos: *Si Dios de verdad me ama, ¿por qué permitiría que esto ocurriera? ¿Por qué me ha dejado en la estacada? ¿Puedo volver a confiar en Dios otra vez?* Mezclado con este enorme sentido de haber sido abandonadas por Dios está la horrible comprensión de que no son nuestros enemigos quienes nos han herido, sino aquellos más cercanos y queridos para nosotras: aquellos con quienes se suponía que podíamos contar como nuestros íntimos aliados de por vida contra todo daño que el mundo pudiera intentar hacernos.

José ciertamente luchó con el amargo dolor de la traición. La traición se produce cuando alguien cercano a nosotros, alguien en quien confiamos, utiliza el engaño y la manipulación para hacer que participemos en nuestra propia destrucción. Aquellos que son más cercanos para nosotros conocen nuestros corazones, saben dónde somos vulnerables y saben cómo engañarnos; saben cómo poner en contra nuestra todos nuestros puntos fuertes. Nuestra compasión, fidelidad y deseo de amar, nuestros talentos y capacidades, y nuestra inocente confianza juegan en contra nuestra en un drama exhaustivamente elaborado. Mientras tanto, nosotras estamos tan felices ignorando que nos están dejando sin blanca porque confiamos en quien nos traiciona.

La traición es tan antigua como la historia de la humanidad. Brutus, el amigo del César, lo traicionó ante sus enemigos. Judas, el discípulo de Jesús, lo entregó a sus enemigos: con un *beso*. Benedict Arnold, un asesor de confianza en el Ejército estadounidense, conspiró para entregar West Point a los británicos durante la Revolución. Arthur Anderson, una empresa de contabilidad que tenía fama de ser íntegra, encubrió los libros falsificados en World-Com y Nerón, dejando a los empleados sin fondos de jubilación y a los accionistas con sus carteras de acciones destruidas. Mientras tanto, el ejecutivo de Nerón, Ken Lay, hablaba mucho sobre la importancia de la integridad. Engañó a muchísimas personas.

LA TONTA DE LA PELÍCULA

Yo entiendo muy bien que las personas puedan ser engañadas,

porque yo misma lo fui. Conocí a mi esposo cuando él era miembro de la Guardia de Honor de la Casa Blanca durante la Administración Nixon. Hijo de misioneros, Jack había crecido en el campo misionero, y cuando yo lo conocí en una cita a ciegas, él tenía una acreditación de seguridad de la Casa Blanca, lo cual significaba que el FBI había realizado una comprobación exhaustiva de sus antecedentes. En mi inocencia, yo asumí que su trasfondo misionero y su acreditación de seguridad garantizaban su carácter. Toda mi familia y mis amigos pensaban que él era un hombre muy agradable y perfectamente honrado. Yo pensaba que yo era la muchacha más afortunada del mundo.

Poco después de habernos casado, dejamos Washington y nos trasladamos a Texas para que mi esposo pudiera continuar sus estudios. Enseguida formaba ya parte del personal de una iglesia muy grande. Todo parecía ir muy bien y, sin embargo, yo sentía que algo iba mal: algo que yo no podía señalar. Por un lado, Jack pasaba muchas horas fuera de casa, y cuando le pregunté sobre ello él dijo que era tiempo que necesitaba para servir al Señor. Mi propio padre, un hombre de negocios muy exitoso, había trabajado largas horas para levantar su negocio. Mi mamá le había apoyado ocupándose de las cosas en casa; por eso, aunque yo no estaba contenta con las horas que Jack no estaba, la esposa que apoya a su esposo ausente era un papel muy conocido para mí. Aun así, frecuentemente le pedía a Jack que estuviera en casa más a menudo; él siempre me prometía que las cosas mejorarían después de que él terminase con este o aquel proyecto.

Cuando finalmente Jack regresaba a casa, estaba demasiado cansado y demasiado preocupado para hablar conmigo o para jugar con los niños. Algunas veces simplemente se sentaba y observaba. Aun en las vacaciones, él estaba "no disponible". Enfermaba el primer día de las vacaciones y se recuperaba tan pronto como llegaba el momento de volver al trabajo. Yo me sentía desgraciada y busqué el consejo de mi pastor. Me dijeron que necesitaba ser una esposa más sumisa, y que si era lo bastante sumisa, Jack se convertiría en el hombre que Dios quería que fuese.

Yo asistía, pues, a muchos seminarios para aprender cómo ser la esposa cristiana perfecta. Leía muchos libros sobre el matrimonio, e iba a muchos estudios bíblicos diseñados para enseñarme todo lo que necesitaba saber para ser una esposa piadosa. La información que se presentaba en aquellos seminarios, estudios bíblicos y libros pretendían ser escriturales. Me dijeron que Dios me quería bajo la cubierta de la protección de mi esposo, y que incluso si él se equivocaba, mientras que yo permaneciese bajo esa cubierta, mis hijos y yo estaríamos bajo la protección de Dios. Yo no estaba segura de cómo ponerme bajo la cubierta de mi esposo porque él no parecía estar protegiendo mucho, pero me dijeron que los errores de él no tenían importancia. Lo que de verdad importaba era mi obediencia.

Me advirtieron con firmeza contra la rebelión, a menos que quisiera exponerme a mí misma al poder de Satanás. En aquellas enseñanzas, la rebelión significaba no estar de acuerdo con todo lo que tu esposo quisiera que hicieras. Esas enseñanzas decían que tener "un espíritu pacífico y amable" significaba que nunca te enojabas ni te ofendías por lo que estuviera ocurriendo en tu vida. Me decían que Dios demandaba que una esposa se sometiera a su esposo aun cuando él hubiera demostrado ser indigno de confianza, simplemente porque se ordena a las esposas que se sometan a sus esposos. Nos decían que dejásemos los resultados en manos de Dios.

Además, esas enseñanzas me decían que yo no tenía derechos, y que establecer fronteras era una señal de falta de sumisión. Me dijeron que pedir justicia era vengativo, y que esperar arrepentimiento por parte de aquellos que me habían herido era querer controlar.

Ahí estaba una esposa joven, queriendo hacerlo lo mejor que sabía, y esa era la información que me dieron acerca de lo que Dios requería de mí. Mi relación con Dios es la esencia de mi vida. Yo quería ser lo que Dios me pidiera que fuese; sin embargo, intentar seguir aquellas enseñanzas estaba produciendo muerte y heridas en mi corazón.

Yo seguí estudiando las Escrituras para ver si aquellas enseñanzas eran realmente ciertas. En mi libro *An Affair of the Mind* (Una aventura amorosa de la mente), examino muchas de esas enseñanzas destructivas y demuestro que no son bíblicas en absoluto. Mi sanidad comenzó cuando las horas de estudio bíblico que yo estaba llevando a cabo me mostraron que hay una diferencia entre la teología y la doctrina. Doctrina es lo que Dios dice acerca de sí mismo; teología es el intento del hombre de interpretar a Dios. A mí me estaban enseñando teología a la vez que me decían que eso era doctrina. Me dijeron que Dios demandaba que yo hiciera cosas que Él no me demandaba en absoluto; esas cosas eran la interpretación de Dios de alguna otra persona. Uno no puede vivir por encima del Dios en el que cree, y si a usted le dicen que Dios requiere que participe en un comportamiento que es destructivo, no tiene usted un tribunal de justicia más alto al cual acudir.

Jesús preguntó: "¿Quién dicen los hombres que soy yo?" (Lucas 9:18). En tiempos de Jesús, la gente respondió a esa pregunta de maneras muy distintas: la mayoría de ellas equivocadas; y eso sigue siendo cierto hoy en día. Hay mucha información y enseñanza sobre lo que significa vivir la vida cristiana; sin embargo, una encuesta de 152 preguntas realizada por George Barna, muestra que prácticamente no hay diferencia entre el comportamiento de los "perdidos" y el comportamiento de los "salvos". En una de las revelaciones más indignantes de nuestro tiempo, se descubrió que la Iglesia Católica no sólo había ocultado el abuso sexual de muchos cientos de niños, sino que también había nombrado y ascendido a sacerdotes que eran pedófilos conocidos. Jesús

Uno no puede vivir por encima del Dios en el que cree.

dijo que conoceremos un árbol por su fruto. Mientras que hay mucha gente buena dentro de la Iglesia, la alarmante cantidad de mal fruto debería hacer que nos detuviéramos a considerar si lo que estamos enseñando como cristianismo es en realidad la verdad. "Y esta es la vida eterna: que te *conozcan* a ti, el único Dios verdadero, y a Jesucristo, a quien has enviado" (Juan 17:3, énfasis de la autora). Ponga a Dios en el lugar correcto y todo su mundo cambia.

EL CAMBIO ES INEVITABLE, EXCEPTO EN UNA MÁQUINA EXPENDEDORA

Conforme iba comprendiendo de forma más precisa lo que Dios es y la vida que Él nos llama a que vivamos, comencé a cambiar.

El cambio daba mucho miedo, porque los cambios iban en contra de todo lo que me habían enseñado. Yo quería estar bien con Dios, así que pasé muchos años atormentándome por las cosas que estaba llegando a comprender. Al final, llegué a tener suficiente confianza en que mi nueva comprensión de Dios era bíblicamente exacta, y que merecía la pena arriesgarme a aceptarla a pesar de lo que ocurriese.

Mientras tanto, mis ojos iban siendo abiertos cada vez más a la locura del comportamiento de mi esposo. A través de una serie de acontecimientos divinamente orquestados, descubrí que él me mentía en pequeñas cosas. Fue una conmoción para mí, pues nunca imaginé que él pudiera mentirme. De lo que no me daba cuenta era de que también me estaba mintiendo en las cosas grandes.

Cuando Dios comenzó a revelarme las mentiras, mi esposo comenzó a practicar muchos juegos mentales. Me decía: "Oh, lo entendiste mal; eso no es lo que yo dije. Lo que te dije es que...", o "Oh, ya te dije eso antes, ¿no te acuerdas?". Yo terminaba pensando: "¿Cómo es que nunca puedo entender nada correctamente? ¿Qué me pasa?". Él daba mis cosas a otras personas y no me lo decía, y yo las buscaba y no las encontraba; entonces pensaba que me estaba volviendo loca. Al final yo decía: —Oye, ¿has visto mi cámara?—. Y él respondía: —Ah, se la di a Jane—. A las personas que juegan a ese tipo de juegos mentales se les llama creadores de locos.

Los creadores de locos descartan tu realidad. Los acuerdos a los que una llega con ellos son quebrantados, y entonces ellos actúan como si nunca hubieran tenido esa conversación.

Cuando una saca el tema, lo único que obtiene es una mirada de asombro, o un "¿qué?", o que le digan que lo entendió mal. Los planes acordados quedarán destruidos, porque no se puede contar con los creadores de locos y ellos se preguntarán por qué una se siente tan ofendida. Los creadores de locos culpan al otro de sus propios errores, y dirán que son *sus cónyuges* quienes les están volviendo locos.

Los creadores de locos acuden a los amigos y a otros miembros de la familia y les cuentan que usted dijo algo desagradable acerca de ellos, lo cual usted nunca dijo. Hacen eso porque les gusta enfrentar a unos con otros, lo cual les da un sentimiento de poder. O puede que simplemente se inventen una historia y les digan a las personas más cercanas a usted que usted hizo algo realmente horrible, lo cual usted nunca hizo. Esta estrategia tiene como propósito hacer que las personas que podrían ser un apoyo para usted a la hora de tratar con el creador de locos, piensen que es *usted* quien está causando todos los problemas. El creador de locos obtendrá mucha compasión, y usted se preguntará por qué de repente la gente le evita a usted.

CUANDO EL PRÍNCIPE A QUIEN BESA SE CONVIERTE EN RANA

La esposa de Potifar era una creadora de locos. Ella le contó a Potifar que José se le había insinuado para encubrir el hecho de que era ella quien se le había insinuado a él. Los hermanos de José eran creadores de locos. Ellos le dijeron a su padre, Jacob, que un animal salvaje había matado a José para encubrir el hecho de que ellos lo habían vendido como esclavo. Jacob lloró profundamente por la muerte de su hijo. Los creadores de locos en las vidas de José y Jacob les causaron muchos problemas. Eso se debe a que, de cualquier manera posible, los creadores de locos crean el caos; necesitan el caos para encubrir algo que no quieren que usted vea.

Lo que mi esposo no quería que yo viese era algo que él mantenía oculto con mucho cuidado, aun de su mejor amigo que trabajaba con él. Mi esposo tenía una vida secreta que había comenzado cuando tenía diecinueve años. Aquel verano, sus padres lo dejaron en los Estados Unidos y ellos volvieron al campo misionero. Él era un muchacho solitario, que sabía que no iba a volver a ver su familia durante cuatro años. Poco tiempo después de que sus padres volvieran a África, Jack encontró una revista pornográfica que alguien se había dejado en el trabajo; él se la llevó a su habitación de hotel y cuando la miró, sintió que las chicas de las fotos le sonreían a él. Esa es la impresión que la pornografía intenta crear. De repente, ya no se sintió tan solo.

El problema se agravó cuando fue llamado a filas en la cumbre de la guerra de Vietnam. La unidad en que él estaba tenía que cortarse el cabello cada tres días, y la barbería estaba llena de carteles. Mirar pornografía hace que las endorfinas sean liberadas en el cerebro, y esas poderosas hormonas son doscientas veces más potentes que la morfina y más adictivas que la cocaína; son un agente de entumecimiento muy poderoso. Mirar, pues, aquellas fotografías ayudaba a Jack a sentirse con menos miedo acerca de lo que estaba sucediendo en el mundo a su alrededor.

Cuando conocí a Jack, yo no tenía la menor idea de que él estuviera mirando pornografía, y ni siquiera se me habría ocurrido preguntar, porque él era una "flecha derecha". Él mantenía muy en secreto su hábito, y durante los primeros veinte años de nuestro matrimonio solamente hubo una vez en que yo vi pornografía en la casa; aun así, estaba oculta. El hábito pornográfico de Jack tuvo un efecto devastador en todos los aspectos de nuestras vidas.

Con el tiempo, Jack comenzó a ir a espectáculos de bailarinas semidesnudas y a pagar prostitutas, y todo ello lo mantenía muy en secreto. Nadie que lo conociera habría creído que estaba involucrado en tal engaño y perversión. Todos fuimos engañados.

Cuando alguien en quien usted confía le ha engañado, es algo devastador. Una se siente estúpida y pierde la capacidad de confiar en una misma. Otras personas hacen juicios acerca de usted, absolutamente seguras de que ellas habrían tenido estabilizada la situación todo el tiempo. Después de haber escrito *An Affair of the Mind* (Una aventura amorosa del corazón), fui como invitada a varios programas de radio. Recibí una carta de una oyente que me decía que ella y su esposo habían escuchado el programa sentados a la mesa de la cocina y, después del programa, ella se había vuelto a su esposo y le había preguntado: "¿Cómo puede ser tan estúpida que no sabía que su esposo estaba metido en ese tipo de cosas?". Varias semanas después, esta mujer descubrió que su esposo, un destacado hombre de negocios y líder cristiano respetado, también estaba metido en ese tipo de cosas.

La utilización de pornografía es un gran problema dentro de la Iglesia. Según una encuesta del año 1996 realizada a hombres que asistían a los eventos de Cumplidores de Promesas en los estadios, más del 50% de los hombres que asistían habían estado involucrados en la pornografía en un periodo de una semana anterior al evento. La encuesta se repitió el siguiente año con resultados similares. Otro estudio descubrió que el 51% de los hombres cristianos casados que fueron encuestados se masturbaban utilizando pornografía. Según el libro de Robert T. Michael, *Sex in America: A Definitive Survey* (El sexo en Estados Unidos: una encuesta definitiva), el 41% de todos los hombres (incluyendo los protestantes conservadores) y el 16% de todas las mujeres dijeron haber hecho una o más de las siguientes cosas durante los doce meses anteriores: ver una película catalogada como X, visitar un club con bailarinas desnudas o semidesnudas, comprar libros o revistas con sexo implícito, artilugios eróticos o juguetes eróticos, o llamar a una línea telefónica de pornografía.

A través de una serie de oraciones contestadas, Dios reveló la vida secreta de mi esposo. Yo nunca olvidaré el día en que lo descubrí: quedé destrozada. En un principio, mi esposo dijo que quería tratar su adicción, y suplicó una oportunidad para salvar el matrimonio. Comenzó una terapia, y yo fui con él. Los años siguientes fueron los momentos más difíciles de mi vida. Un consejero me dijo que yo solo necesitaba superarlo y apoyar a mi esposo en su recuperación. Otro me dio una serie de videos sobre sexo y me dijo que sólo necesitaba ser más sensible. Este consejero no tenía idea de que uno de los aspectos de la adicción sexual es que el adicto se aparta del sexo con su cónyuge, y no al contrario.

Yo he visto llorar a muchas mujeres al hablar de cómo la gente asumía que sus esposos se involucraron en la pornografía porque ellas eran frígidas. Nada podría haber estado más lejos de la verdad.

Otro consejero me dijo que la razón de que mi esposo me mintiese era que yo hacía demasiadas demandas. En aquel mismo instante, mi esposo le estaba mintiendo a él. Cuando le dije al consejero lo que estaba sucediendo, él expresó asombro y dijo: "Jack no me mentiría a *mí*". Sí, él lo hacía. Estaba mintiendo a todo el mundo, en especial a sí mismo.

Después de dos años con estos juegos, nos separamos por nueve meses. Durante aquel tiempo, Jack comenzó a tratar con su adicción, y al final de los nueve meses regresó a casa. Había comenzado a tratar su problema pero no había sanado, y seguimos cojeando durante varios años más. Jack finalmente encontró un consejero que pudo ayudarlo. Hubo algunos momentos muy brillantes durante los pocos años siguientes en que pensé que íbamos a superarlo.

Entonces, se produjo un marcado cambio de personalidad y todo comenzó a ir cuesta abajo. Las cosas iban de mal en peor. Al final, yo estaba bastante asustada de mi esposo, y aquello era algo nuevo. Hasta los últimos años, la disfunción había sido el ser creador de locos, pero no atemorizar. Yo sabía que tenía que marcharme, y lo hice.

La decisión tuvo un alto costo. Perdí a mi familia; perdí a mis amigos; perdí oportunidades en el ministerio. El hermoso hogar que yo tanto amaba fue vendido. Dejé atrás todas mis pertenencias. Perdí todo el mundo y gané mi alma.

ÉL HACE HABITAR EN FAMILIA A LOS SOLITARIOS

Pasé la mayor parte del primer año después de que mi matrimonio terminara encerrada en mí misma a causa de la conmoción. Mi estado de ánimo estaba en todos los lugares. Me sentía enormemente agradecida de haber escapado viva; me sentía devastada porque mi esposo hubiera escogido su adicción en lugar del matrimonio. Me sorprendía por la profunda paz que sentía; estaba asustada por la forma en que obtendría mi propio sustento. Una gran parte de aquel primer año la pasé en Québec, Canadá, como invitada en una iglesia en la que había hablado el año anterior. Cuando todo se ponía feo, yo llamaba al pastor Daniel y le decía: "Venga, por favor". Lo hacía. Qué regalo fueron para mí aquellas personas.

Un domingo en la mañana, poco tiempo después de haber llegado a Québec, me sentía muy triste. Allí estaba yo, en otro país, con personas a las que no podía entender porque yo no hablaba su idioma. Acababa de perder a mi mamá y a mi papá; tenía muy pocas posesiones; había perdido mi hogar; había perdido mi matrimonio. Me sentía desconectada y muy sola. Clamé al Señor, orando el Salmo 68:5-6: "Padre de huérfanos y defensor de viudas es Dios en su santa morada. Dios hace habitar en familia a los desamparados; saca a los cautivos a prosperidad; mas los rebeldes habitan en tierra seca".

Poco después aquella mañana asistí a la iglesia, y después del servicio hablé con Nadine, una de las pocas personas bilingües en la congregación. Aunque no habíamos pasado mucho tiempo juntas, sentí un vínculo especial con Nadine y ella sintió lo mismo respecto a mí. Le dije a Nadine que mi familia provenía originariamente de Québec. Mi bisabuelo francés-canadiense era joven cuando mataron a su padre; su madre, incapaz de ocuparse de tantos hijos, lo envió a los Estados Unidos, y él nunca regresó. Mi familia sabía muy poco de su trasfondo, y nunca investigamos nuestra rama francesa. Nunca habíamos estado en Canadá.

Nadine me preguntó cuál era mi nombre de soltera, y yo se lo dije. Evitando una sonrisa, ella me preguntó si volvería para el servicio de la tarde. Aquella noche, Nadine llegó con una copia de la genealogía de su familia. Éramos primas. Dios había puesto a aquella huérfana de hogar, de padre, de madre y de esposo en una familia que ella no había conocido jamás.

Después de un periodo de un año viviendo con poco dinero, yo tenía una cama increíblemente cómoda, cubiertos y platos nuevos, sábanas y toallas nuevas, y un sofá estupendo. Mi compañera de casa, Dyane, había pasado por muchas de las experiencias que yo había sufrido, y a menudo nos maravillábamos de los similares que eran nuestras historias. Ella fue un gran consuelo para mí. Dos años después, me trasladé a mi propio apartamento, y en tres años había comenzado a edificar una nueva comunidad de amigos que me apoyaban. A lo largo del camino, ha habido muchos días de gozo y de paz; también ha habido días de agobio y de puro terror. A pesar de lo que el día haya traído, la gracia y la provisión de Dios se ha encontrado conmigo.

¿LO QUIERES TOSTADO O NATURAL?

La historia de José nos recuerda que cuando las personas en quienes confiamos nos engañan, nos vemos obligados a comer por la fuerza el amargo pan de la traición. Quizá a usted le hayan servido una rebanada de este pan. Por lo que yo recuerdo, no viene servido con mermelada o ni siquiera una cantidad razonable de mantequilla: nada en absoluto que le ayude a deslizarse por su garganta antes de aterrizar como una bomba en su estómago. No creo que usted siquiera pueda escoger si lo quiere de trigo refinado o integral. No, alguien sencillamente arranca una rebanada y la lanza a su camino.

Quizá ese alguien fuese un cónyuge que entró en la sala una noche, después de haber fregado los platos juntos por enésima vez en su vida, y anunció que quería el divorcio porque había conocido a alguien online. Y ahí estaba usted, pensando cómo comprar en las rebajas de los almacenes Wal-Mart para que sus hijos pudieran tener sus nuevos uniformes para la escuela, o que necesita cambiar el aceite al auto antes de las vacaciones del mes siguiente, y usted no tenía idea de que las medias de Navidad y las risitas de los niños pudieran ser robados en el ciberespacio.

O quizá su rebanada fue servida cuando una enfermera apretaba el torniquete alrededor de su brazo para poder hacerle una prueba de SIDA debido a que su esposo anunciara que le había sido infiel. Y ahí, envuelto en papel de seda y enterrado en el fondo del cajón de la cómoda de cedro de su abuela, está el camisón que llevó usted en su noche de bodas. Y los ribetes no se han desgastado, y los pliegues del canesú siguen estando tan almidonados y delicados como lo estaban hace veinticinco años, cuando usted se entregó a la única persona que se había entregado jamás, solo que ahora hay una horrible mancha donde cayó la rebanada.

O quizá le lancen la rebanada cuando está usted sentada —y totalmente avergonzada— delante de la junta de ancianos de su iglesia pidiéndoles que le ayuden a salvar su matrimonio porque acaba de descubrir que su esposo está inmerso en la pornografía y las prostitutas, y los ancianos le miran a usted a los ojos y le dicen que él no habría tenido que recurrir a las bellezas de las revistas si fuese usted una mejor esposa; le dicen que él es tan débil debido a que usted es tan fuerte. Y, a propósito, usted es una esposa insumisa si no duerme con él porque teme que le contagie una enfermedad de transmisión sexual; y más o menos en aquel momento él la empujó hasta la pared de la sala aunque, de todas maneras, ¿qué hizo usted para provocarlo? Mientras tanto, todos los pasteles de pollo que usted horneó, y todas las veces en que lavó la ropa interior de él, y todas las veces en que usted contuvo la respiración cuando lo miraba porque, aun después de veinte años de matrimonio, el mirarlo seguía excitándola, no cuentan para nada.

Lo que ocurre con la traición es que parece que se acerca sigilosamente a usted y le roba la esperanza. Usted está disfrutando de unas costillas de cordero con sus hermanos, pero uno de ellos realmente se preocupa por usted, y cuando le pasa los rollitos, él la mira a los ojos y se dice a sí mismo: *Él nunca sabrá qué fue lo que le golpeó*. Lo siguiente que usted sabe es que está mirando a las espaldas de un camello de camino a Egipto. Es la profunda crueldad y el completo rechazo de todo lo que usted es por parte de aquellos que deberían conocerla mejor y quererla más, lo que hace que la traición sea muy, muy mortificante. A la vez, se produce ese feo giro de la rebanada: a usted no le sirven la rebanada porque haya hecho algo mal, sino porque ha hecho algo muy, muy bien.

La traición de José tuvo su base no en su propia culpa, sino en su rectitud. Su decisión de apartarse del lecho matrimonial de otra persona enfureció la lujuria de la esposa de Potifar. Ella se vengó haciendo que lo metieran en la cárcel.

SER NUESTRO PEOR ENEMIGO

Lo peor de la traición es que en ella todos nuestros puntos fuertes se vuelven en contra nuestra. Por ejemplo, amar es un punto fuerte; nuestra capacidad de amar también nos hace saber cuándo otras personas nos tratan de forma amorosa y cuándo nos tratan de forma abusiva. Sin embargo, nuestra capacidad de amar nos tienta. ¿Deberíamos poner la otra mejilla? ¿O deberíamos sacudir el polvo de nuestros pies y seguir adelante? ¿Y si, al escoger tratar con la profunda traición de la confianza dando tiempo para ver si nuestra relación con quien nos ha herido puede ser restaurada, somos abandonadas por otras personas que nos juzgan como codependientes que aman demasiado? ¿Qué ocurre si de verdad nos abandonamos a nosotras mismas a la confusión de la dependencia limitándonos a que nos encante ser amadas? ¿Y si, después de poner mucha energía para lograr la reconciliación, nos vemos obligadas a abandonar la esperanza para esa relación porque la otra persona no quiere solucionar las cosas?

Tener fe en que Dios escucha y contesta la oración es un punto fuerte. Nuestra fe en Dios hace que nos acerquemos con valentía al trono e intercedamos por las necesidades del mundo. Nuestra fe también hace que perseveremos en oración por aquellos que nos utilizan con desprecio y que, por tanto, necesitan nuestro perdón. Sin embargo, nuestra fe nos tienta. ¿Significa el retraso de Dios en contestar la oración que yo he ocultado pecado que debe ser confesado? Además, ¿cuántos años espera Él que yo siga orando por eso? ¿Cuál es mi parte, cuál es la parte de Él, y cuál es la parte de la otra persona?

¿Y si la fe me pide que abandone mi esperanza debido a que la respuesta de Dios a mi ferviente oración es: "No. Yo tengo otro plan"? Si Dios dice no a algo que es muy, muy importante para mí, ¿significa eso que Él no me ama? ¿Cómo manejo a las desacertadas amigas que siguen instándome a orar para que Dios "arregle" mi situación cuando es claramente imprudente permanecer más tiempo en la locura?

Cuando alguien utiliza nuestros puntos fuertes para disponernos a que nos dejen sin blanca, quedamos en una situación en la que, para evitarnos el daño, debemos escoger matar nuestros propios puntos fuertes. Es el mal, que hace todo lo posible para matar nuestro espíritu.

NO NOS METAS EN TENTACIÓN

En su libro *Creation and Fall* (La creación y la caída), Dietrich Bonhoeffer dijo:

> La tentación de la que habla toda la Biblia no tiene que ver con probar mis fuerzas, porque está en la misma esencia de la tentación en la Biblia el que todas mis fuerzas —para horror mío, y sin que yo pueda hacer nada acerca de ello— se vuelvan en contra mía; realmente todas mis facultades, incluyendo mis facultades buenas y piadosas, caen en manos del poder enemigo y ahora son dirigidas al campo de batalla en contra mía. Antes de que pueda haber prueba alguna de mis facultades, ya me las han robado.
>
> Este es el hecho decisivo en la tentación del cristiano: que todas sus facultades lo abandonan —de hecho, ellas lo atacan—, todos los hombres lo abandonan, y Dios mismo lo abandona. Su corazón tiembla, y ha caído en una oscuridad total. Él mismo no es nada, y el enemigo lo es todo. Dios ha apartado su mano de él; lo ha dejado por un poco de tiempo (Isaías 54:7). El hombre está solo en su tentación. Nada permanece a su lado. Durante un poco de tiempo, el diablo tiene espacio. La mayor tentación, la más difícil, y el sufrimiento con los que Dios a veces ataca y ejercita a sus más grandes santos, es cuando el corazón del hombre lo único que siente es que Dios lo ha abandonado con su gracia...

Esta es, pues, la verdadera prueba de la escuela de la traición: ¿Qué hará y quién será usted en medio de su traición? ¿Qué hará y quién será cuando todos sus puntos fuertes sean vueltos contra usted? ¿Matará las mejores partes de usted misma para evitar más problemas? ¿O sufrirá el problema y se agarrará a lo que usted es?

Mientras que José pisaba excrementos de camello de camino a la esclavitud en Egipto, tuvo que enfrentarse al hecho de si iba a darse por vencido o iba a hacer todo lo posible para ser el mejor en medio de una terrible situación. Cuando la esposa de Potifar se le insinuó, tuvo que decidir si iba a consolarse de su desgracia permitiéndose disfrutar del placer sexual (después de todo, él era simplemente un viril muchacho judío, y todo el mundo lo hacía) o recordar que era el tipo de hombre que no agarraba lo que no le pertenecía.

Durante aquellas largas noches en la cárcel, los otros prisioneros podían oír a José mascullando: "¡Que se pudran! ¡Se lo merecen!". Entonces le oían darse la vuelta sobre aquella dura tabla de madera a la que llamaba cama y susurrar: "Pero si los trato como ellos me han tratado a mí, me pierdo a mí mismo, Dios. Si tú estás en algún lugar, allá arriba, ¡ayúdame!". Finalmente, años después, cuando sus hermanos llegaron suplicando grano, José los miró a los ojos con insistencia y durante mucho tiempo, y se preguntó: "¿Los echo a los tiburones para que se los coman, o los invito a la mesa de un banquete?

Aunque él no podía detener a los demás para que no lo traicionaran, siempre que llegaba al punto de tomar una decisión, José escogió no traicionarse a sí mismo. En su lugar, se agarró a lo que él era. No importaba lo que los demás dijeran sobre él, y no importaba lo que los demás le hicieran. José sabía quién era y actuaba en consecuencia: José era un hombre de integridad.

LÍBRANOS DEL MAL

Los creadores de locos nos envían mensajes locos y mezclados acerca de quiénes somos nosotras en realidad. Si creemos esos mensajes, haremos elecciones que traicionarán lo más alto y mejor de nosotras mismas. La vida siempre se trata de las elecciones que hacemos. Las elecciones que yo he hecho en el pasado me han conducido al lugar donde estoy ahora, y las elecciones que haga hoy me conducirán al lugar donde estaré mañana. Mi mañana está lleno de promesa, y esa promesa comienza con quién soy yo hoy. Por tanto, una gran parte de mi recuperación de la traición que sufrí ha consistido en recordar quién soy y vivir en consecuencia.

Como parte de vivir una vida fiel a mí misma, he trabajado en tener claro donde están mis fronteras. Las fronteras son los "noes": son las cosas que no permitiré que otras personas me hagan. También he trabajado en tener claro lo que yo demando de los demás en su relación conmigo, y he aprendido cómo expresar mis demandas de forma que me escuchen. He considerado con detenimiento las cosas que tolero, y estoy trabajando en convertirme en una "zona libre de tolerancias". Finalmente, sé cuáles son mis necesidades y tomo la responsabilidad de procurar que sean satisfechas. He pasado de sufrir por las consecuencias de las malas elecciones de otras personas a ser yo la causa en mi propia vida. ¡Y eso hace que me sienta extraordinariamente bien!

Por tanto, aunque perderlo todo a los cincuenta años de edad no es una circunstancia feliz, he escogido considerar ese momento decisivo como un regalo increíble en lugar de considerarlo como una terrible tragedia. Tengo la oportunidad de volver a comenzar y crear una vida que realmente me guste; y creo esa vida a medida que escojo vivir en el presente, ya que el presente es todo lo que tengo en realidad. El pasado se acabó y el futuro aún no ha llegado. Solamente tengo el hoy; solamente tengo este momento, y este momento tiene todo lo que yo necesito. Está lleno, sin medida, de regalos de todos tipos. Por eso lo llamo *el presente*.

Me encontraba lamentando el pasado y temiendo al futuro.

De repente, mi Señor estaba hablando.

Mi nombre es YO SOY.

Se detuvo.

Yo esperé.

Él continuó.

Cuando vives en el pasado, con sus errores y lamentos,
es difícil. Yo no estoy allí.

Mi nombre no es YO ERA.

Cuando vives en el futuro, con sus problemas y temores,
es difícil. Yo no estoy allí.

Mi nombre no es YO SERÉ.

Cuando vives en este momento, no es difícil. Yo estoy aquí.

Mi nombre es YO SOY.

—HELEN MALLICOAT

ACERCA DE LA AUTORA

Laurie Sharlene Hall se graduó *summa cum laude* con un doctorado por la Facultad de Hard Knocks, la universidad más cara del mundo. Su tesis fue un revolucionario libro titulado *An Affair of the Mind* (Una aventura amorosa de la mente), en el cual explora los efectos que la pornografía produce en el matrimonio. Invitada en más de doscientos programas de radio y televisión, Laurie es una de las poquísimas mujeres que pronuncian un discurso en los eventos de Cumplidores de Promesas en los estadios. Como tutora profesional, Laurie trabaja con personas que quieren reconstruir sus fundamentos personales y crear vidas que de verdad, De Verdad, DE VERDAD les gusten.

VERSÍCULOS QUE INSPIRAN

"Y si alguno de vosotros tiene falta de sabiduría, pídala a Dios, el cual da a todos abundantemente y sin reproche, y le será dada" (Santiago 1:5).

"Una cosa he demandado a Jehová, ésta buscaré; que esté yo en la casa de Jehová todos los días de mi vida, para contemplar la hermosura de Jehová, y para inquirir en su templo" (Salmo 27:4).

"En el mundo estaba, y el mundo por él fue hecho; pero el mundo no le conoció. A lo suyo vino, y los suyos no le recibieron. Mas a todos los que le recibieron, a los que creen en su nombre, les dio potestad de ser hechos hijos de Dios" (Juan 1:10-12).

"Regocíjate, oh estéril, la que no daba a luz; levanta canción y da voces de júbilo, la que nunca estuvo de parto; porque más son los hijos de la desamparada que los de la casada, ha dicho Jehová. Ensancha el sitio de tu tienda, y las cortinas de tus habitaciones sean extendidas; no seas escasa; alarga tus cuerdas, y refuerza tus estacas. Porque te extenderás a la mano derecha y a la mano izquierda; y tu descendencia heredará naciones, y habitará las ciudades asoladas. No temas, pues no serás confundida; y no te avergüences, porque no serás afrentada, sino que te olvidarás de la vergüenza de tu juventud, y de la afrenta de tu viudez no tendrás más memoria" (Isaías 54:1-4).

Extraordinary Women (EWomen) (Mujeres Extraordinarias), un ministerio de American Association of Christian Counselors (AACC) (Asociación Americana de Consejeras Cristianas), es un movimiento basado en la fe y enfocado a acercar más a las mujeres al corazón de Dios. Para obtener más información sobre nuestros dinámicos programas de formación, conferencias, recursos, y beneficios de la membresía, visite *Ewomen.net*, o llame al 1-800-526-8673, o escriba a: P.O. Box 739, Forest, VA 24551.

AACC es una organización con una membresía de más de 50,000 consejeras clínicas, pastorales y laicas dedicada a promover la excelencia en la consejería basada en la fe. P.O. Box 739, Forest, VA 24551; 1-800-526-8673; *www.aacc.net*

Shine Magazine (Revista Resplandece) es una publicación de atracción principal para Extraordinary Woman. *Shine* llena el vacío existente entre la belleza exterior e interior de una mujer. Cada ejemplar celebra los aspectos espirituales, intelectuales y físicos de la feminidad. Isaías 60:1: "Levántate, RESPLANDECE; porque ha venido tu luz, y la gloria de Jehová ha nacido sobre ti".

PREPÁRESE PARA ENTRAR EN SU PRESENCIA...

Y EXPERIMENTAR LA VERDADERA INTIMIDAD.

Marcos Witt, editor ejecutivo.

Contribuidores: Danilo Montero, Marco Barrientos,
Fuchsia Pickett, Sergio Scataglini, John Bevere,
Jesús Adrián Romero, Mike Bickle, Mike Herron,
Judson Cornwall, Ron Kenoly, Kingsley Fletcher
y muchos más.

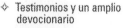

Libros extraordinarios para mujeres extraordinarias